PACT 총서 시리즈 I

인구위기,
내일은 없어지나?

나경원이 묻고 31인이 답하다

권혁주 · 김수민 · 이강호 · 이경희 · 조윤영 · 주하연 · 최 인
Daphna Birenbaum-Carmeli · Hyunjoo Kim Karlsson

박영사

발간사 PREFACE
위기의 대한민국, 기회와 희망의 대한민국으로

대한민국이 직면한 인구와 기후위기 그리고 기술패권시대를 맞은 글로벌 경쟁의 격랑 속에서 내일의 생존과 지속 가능한 번영을 걱정하는 많은 분들과 뜻을 모아 사단법인 인구와기후그리고내일(PACT)이 출범한 지 1년이 되었습니다. PACT는 '인구', '기후', '과학기술' 세 가지 주제와 관련하여 최고의 전문가들이 함께 정책대안을 연구, 개발하고 입법과 정책에 반영하는 비영리 최고 권위의 민간 싱크탱크를 지향해 나갈 것임을 선언하였습니다.

창립 이후 인구와 기후 그리고 과학기술의 미래 대응과 전략에 대한 8차례의 라운드테이블과 3차례의 포럼을 통하여 전문가들의 열띤 토론이 진행되었습니다. 이러한 결과를 토대로 31인의 전문가들이 PACT 창립 1주년에 맞춰 세 가지 주제에 관한 책자를 발간하기로 하고 지난 반년간의 집필 과정을 거쳐 드디어 세 권의 책을 동시에 발간하게 되었습니다.

책의 부제에서 알 수 있듯이 이사장인 제가 주제별 화두를 질문의 형태로 분야별 전문가에게 제시하였습니다. 인구 분야 9명, 기후 분야

2

7명, 과학기술 분야 16명의 전문가들이 다양한 주제들에 대하여 독자 누구나 쉽게 읽고 이해할 수 있도록 답을 내주었습니다.

미국에서는 전문가들로 구성된 헤리티지 재단과 같은 싱크탱크가 활발하게 입법, 정부 정책 과정에 참여하여 입법과 정책의 전문성과 타당성을 높이고 있습니다. 반면에 우리나라는 몇몇 국책 연구기관들을 제외하고는 비영리 민간법인의 형태로 제대로 된 싱크탱크를 찾기 어려운 안타까운 현실입니다. PACT는 이번 출간을 시작으로 입법, 정책 지향의 연구 성과물을 주기적으로 출간하여 우리 사회에 닥치는 여러 위기와 과제에 대한 진단과 해법을 제시해 나가고자 합니다.

세 가지 주제는 그 내용을 달리하지만 하나같이 대한민국의 오늘과 미래, 우리나라 국민 한 사람 한 사람의 삶과 직결된 사활적 이슈들입니다. 아울러 각 주제의 원인, 결과, 해법은 서로 긴밀하게 연결되어 있습니다. PACT가 한 가지 주제도 어려운데 세 가지 주제를 동시에 사단법인의 핵심 연구 분야로 야심차게 정한 이유이기도 합니다. 한정된 주제에 관한 연구 개발 대신 세 가지 주제를 상호 연결하여 종합적으로 다룸으로써 보다 체계적인 접근이 가능함을 향후 연구와 입법, 정책 대안 개발 활동을 통해 보여드리고자 합니다.

많은 사람들이 100년 후 대한민국의 존속과 인류 생존 터전인 지구의 지속성에 대해 의문을 표시하고 대응책 마련에 부심하고 있습니다. 사실 우리는 오늘의 대전환 없이 내일을 말할 수 없는 절박한 상황에 놓여 있습니다. 우리가 놓치고 있는 문제의 원인은 무엇이며, 원인에 대한 진단이 잘못되었다면 그 오진의 이유는 무엇인지 규명해 나가 겠습니다. 천문학적인 투자에도 불구하고 왜 정책의 효과가 제한적인 지, 그렇다면 어떤 패러다임의 전환이 필요한지 깊이 성찰하고 따져봐 야 합니다. 우리가 겪고 있는 위기는 실존적 위기인 만큼 개개인의 자 발적 결단뿐 아니라 세대와 세대, 개인과 사회간의 사회적 협약 체결, 바람직한 행동의 유인 등 여러 접근의 조화로운 배합이 필요합니다. 실 존적 위기 상황이 임계점에 이르러 속수무책으로 파국을 맞이하지 않 도록 하는 총체적 노력이 필요함을 우리 사회에 일깨우고 그 해결 방향 과 전략을 연구해 나가고자 합니다.

국민 개개인은 보호받거나 혜택을 받는 수동적인 자세에서 벗어나 적극적으로 문제를 해결하는 주체로 나서는 국민 이니셔티브가 필요합 니다. PACT는 이러한 국민의 주도적 참여를 함양하는 데도 각별한 관 심을 갖도록 하겠습니다.

우리는 지난 수천 년의 역사를 통하여 숱한 위기를 극복하고 오늘 에 이르렀습니다. 우리 국민은 지금의 위기를 가장 대한민국다운 방식 으로 헤쳐나가고, 오히려 기회로 바꾸어 나갈 수 있는 뛰어난 역량을 가 지고 있습니다. 이를 위하여 국가 차원에서 인구와 기후 위기, 과학기술 경쟁의 격랑에서 지금 대전환 없이는 내일 살아남을 수 없다는 절박한 심정으로 철저한 패러다임 혁신이 필요함을 다시 한 번 강조합니다.

끝으로 각 분야에서 연구와 강의 등으로 촌음을 아껴 쓰고 계신 여러 분야의 전문가분들께서 이번 저술에 기꺼이 시간을 내어주신 데

깊이 감사드립니다. 좌장으로서 책임 집필자의 역할을 맡아주신 인구 분야의 최인 교수님, 기후 분야의 신각수 전 외교부 차관님, 과학기술 분야의 신성철 전 KAIST 총장님께 특별한 감사를 드립니다. 여러 전문가가 함께 하는 책의 집필은 다양하고 폭넓은 지식을 집약할 수 있다는 장점에도 불구하고, 집필 방향과 내용 그리고 일정에 대한 세심한 조율이 필요합니다. 이러한 어려움에도 세 분 좌장께서 열정적으로 나서주셔서 처음 목표한 일정에 맞춰 모든 작업을 마무리할 수 있었습니다.

앞으로 PACT는 구체적이고 실천적인 대안을 연구하고 개발하는 일에 더욱 힘을 쏟고자 합니다. 대한민국이 지속가능한 공동체가 되고 G7을 넘어 G5로 진입하기 위해 정책 입안, 사회적 여론 환기, 국민 공감 확대, 후진 양성 등에도 노력할 것입니다. PACT는 22대 국회에서 창립한 국회포럼 인구와기후그리고내일과의 협업을 통하여 그 사명과 역할을 보다 효과적으로 수행할 것으로 기대합니다.

이번 세 권의 책이 인구, 기후, 과학기술이라는 국가 과제에 대한 우리 사회의 이해를 높이고 절박함에 대한 인식을 새롭게 하며, 국가와 사회, 개인 차원에서 어떤 노력과 공조가 필요한지를 성찰하고 실행으로 이어지는데 도움이 되길 기대합니다.

사단법인 인구와기후그리고내일(PACT) 이사장
국회의원 나경원

프롤로그 PROLOGUE

　이 책은 사단법인 "인구와 기후, 내일"이 기획하여 2024년 출간하는 3권의 책 중 하나입니다. 이 책의 목적은 한국이 당면한 시급한 문제인 저출산·고령화·인구감소에 대해서 현재 상황, 원인, 정책대응을 일반 성인독자와 학생을 상대로 설명하고 문제의 심각성을 환기시키는 데 있습니다. 직관적이고 쉬운 설명을 위해 질문하고 답하는 대화 형식을 취했습니다. 질문은 나경원 의원이, 답변은 각 분야에 있는 국내외 9명의 전문가가 하도록 설계되었습니다. 질문은 나경원 의원과 전문가들의 상의를 통해 만들어졌습니다. 9명의 전문가는 경제학, 사회학, 정치학, 행정학, 의료사회학 분야의 연구자이며, 한국, 스웨덴, 이스라엘에서 활동 중입니다. 질문에 대한 답변을 한 명이 하지 않았기에, 각각의 답에는 중복되는 내용이 있습니다. 그러나 각 질문에 대한 답이 책의 다른 부분을 보지 않고도 이해될 수 있도록, 편집하지 않고 그대로 두었습니다.

　다음으로 이 책의 내용을 간략히 소개하고자 합니다. 제1장은 한국의 출산율과 인구구조를 다루고 있습니다. 우선 한국의 출산율과 인구구조가 지난 수십 년간 어떻게 변화했는지 살펴봅니다. 한국의 인구구조는 1950년대부터 1970년대까지는 인구가 전체적으로 젊고 평균연

6

령이 23세 정도 밖에 되지 않았습니다. 그러나 정부의 인구억제 정책 때문에 1960년대부터 합계출산율이 낮아지기 시작해서 2023년에는 세계 최저치인 0.72를 기록하게 됩니다. 인구가 현 수준으로 유지되려면 합계출산율이 2.1 정도 되어야 하는데 이 정도면 상당히 낮다고 할 수 있습니다. 2023년에는 평균연령도 45.1세로 고령화가 상당히 진행된 것을 알 수 있습니다. 합계출산율이 매우 낮아져서 2050년에는 인구가 4,300만~4,700만 정도가 될 것으로 보이고, 2100년에는 1,700만~2,400만 정도가 될 것으로 예상합니다.

제2장은 전 세계 인구추이와 동인을 소개합니다. 세계인구는 1804년에 10억 명이 되었고 2023년에 80억 명을 돌파했습니다. 기원전 10,000년부터 1700년까지 세계인구의 평균 연 증가율은 약 0.04%였으나, 그 이후로는 지속적으로 상승하여 20세기에 와서는 최대 2.3%까지도 증가했습니다. 지난 200년간의 폭발적인 인구증가는 18세기 후반부터 시작된 산업혁명에 기인한다는 의견이 지배적입니다. 산업혁명부터 시작된 기술발전이 인간의 생활환경과 의료수준 개선에 지속적으로 기여하여 세계인구의 사망률이 크게 줄어든 것이 1800년 이래 폭발적 인구 증가의 원동력입니다. 산업화는 경제와 사회의 구조, 사고방식, 가족문화 및 자녀의 의미를 바꿔놓았으며, 결과적으로 출산율의 하락을 가져왔습니다. 먼저 경제가 1차 산업에서 2차, 3차 산업 중심으로 발전하면서 단순 노동력이 덜 중요해졌고, 자녀를 적게 낳고 그들의 교육에 집중 투자하는 경향이 늘어났습니다. 또한, 국가가 연금지급 등을 통해 사회안전망을 제공하면서 노후에 자식에게 의존할 필요가 줄어들어 굳이 자식을 여러 명 낳을 동인이 사라졌습니다. 여성에게도 교육과 취업의

기회가 점차 확대되면서, 그들이 꼭 결혼을 하여 가족에게 경제적으로 의지하지 않아도 살 수 있는 길이 열리기 시작했습니다. 또한 여러 피임방법이 보급되기 시작하면서 여성들이 원치 않는 임신을 피할 수 있게 되었습니다.

1927년에는 20억 명이었던 세계인구가 2022년에 80억 명을 돌파하여 4배가 되었습니다. 그러나 출산율은 1963년에 5.32를 최고점으로 계속 감소하는 추세이고, 인구가 증가하는 속도인 인구증가율도 1963년에 2.3%를 정점으로 계속 하락하고 있습니다. 세계인구는 앞으로 약 100억 명까지 서서히 증가하다가 2060~2080년 사이에 정점을 찍고, 그 이후로는 급격하게 감소할 것으로 보입니다. 세계 인구구조는 1990년까지는 유소년 인구가 확장하는 피라미드형이었지만, 2000년부터는 출산율 감소로 인해 유소년 인구가 더 이상 증가하지 않는 항아리형으로 바뀌고 있습니다. 이러한 감소추세가 계속되면 유소년 인구가 줄어드는 역삼각형 인구구조로 변할 가능성이 있습니다. 지역적인 편차가 크긴 하지만, 세계인구는 전체적으로는 고령화되고 있습니다.

유럽과 북미는 저출산, 고령화 현상을 공통적으로 보이고 있습니다. 중국은 공격적인 산아제한정책으로 2022년부터 전체 인구감소가 시작되었습니다. 반면에 인도는 2050년경부터 인구감소가 예상됩니다. 일본이나 한국 등 고도의 경제성장을 겪은 나라들은 급격한 출산율 감소로 인하여 고령화가 빠른 속도로 진행되고 있습니다. 반면에 아프리카는 아직 출산율이 높습니다. 현재 평균 합계출산율은 4.1로 높은 편이어서, 인구구조가 아직도 확장형인 피라미드형이며, 유소년 인구가 중장년이나 노령 인구보다 상대적으로 많습니다. 전체 인구도 폭발적으로 증가하는 추세여서 앞으로 50여 년간 세계인구 증가의 원동력이 될 것입니다. 지난 200여 년간 세계에서 인구가 제일 많은 나라는 중국이었으나 중국의 인구가 2022년 약 14억 명에서 정점을 찍고 감소하면서, 2023년부터는 인도가 최대인구를 가진 나라가 되었습니다.

제3장은 다른 나라들의 저출산·고령화·인구감소 문제를 설명합니다. 한국의 합계출산율이 처음으로 대체출산율 밑으로 떨어진 것은 1983년이지만, 유럽과 미국에서는 이미 1970년대 중반부터 이런 현상이 나타나기 시작했습니다. 한국의 경우 출산율이 감소하는 속도가 빨라서 현재 한국의 출산율은 OECD 평균보다 훨씬 낮은 수치를 보여주고 있습니다. 낮은 출산율은 고령화로 이어집니다. OECD국가들의 65세 이상 노인 인구비중을 보면, 한국의 노인인구비중이 제일 가파르게 증가하고 있습니다. 2020년 기준 일본의 노인인구 비중이 약 30%로 OECD국가 중 제일 높았지만 2050년에는 한국이 일본을 앞질러 가장 높을 것으로 예상합니다. 저출산은 인구감소도 초래합니다. 일본은 이미 2011년부터 인구가 계속 감소 중이지만, 한국은 1.0을 밑도는 저출산율로 인해 2021년부터 전체 인구가 줄어들기 시작했습니다. 다른 OECD국가들도 출산율이 대체출산율을 하회하기 때문에 2050년 전에 인구감소가 시작될 것으로 보입니다. 한국에 노동자를 많이 보내는 베트남과 태국에서도 이미 저출산과 고령화가 상당히 진행되고 있습니다. 이들의 2022년 출산율은 각각 1.9과 1.3로서 대체출산율을 하회하고 있습니다. 베트남에서는 1990년대 중후반에 이미 유소년층 인구가 확연히 줄어들었으며 2010년대 들어서 출산율이 다시 감소 추세를 보이고

있습니다. 태국은 2010년에 이미 노년층 비중이 상대적으로 많아졌습니다. 북한의 인구도 2034년을 정점으로 지속적으로 감소하여 2050년에는 2,500만 정도가 될 것으로 보입니다.

저출산을 극복한 나라는 아직 없지만, 프랑스와 스웨덴은 OECD국가 중에서 출산율이 높은 나라들로 꼽힙니다. 프랑스는 2023년에 1.68, 스웨덴은 2023년에 1.45의 합계출산율을 기록했습니다. 프랑스의 경우 각종 현금수당과 세제지원을 두 축으로 하여 자녀 출산 및 양육을 적극 지원하고 있는데, 자녀를 출산하게 되면 출산수당, 영유아보육수당, 가족수당 등 여러 가지 현금 수당이 지급되고, 소득세도 자녀 수만큼 줄어들게 되어 그만큼 양육비에 사용할 수 있게 됩니다. 스웨덴의 경우 강력한 유급휴가 제도가 구축되어 있습니다. 자녀를 출산하면 만 8세가 될 때까지 최대 480일의 부모휴가를 유급으로 유연하게 사용할 수 있습니다. 두 나라 모두 GDP의 3%에 육박하는 재정규모를 가족정책에 투자하고 있고, 자녀를 출산하고 양육하는 모든 국민이 정책의 혜택을 받을 수 있게 노력하고 있습니다. 한국의 경우 아직도 현금수당이나 육아휴직 지원금 등 가족지원 명목으로 쓰이는 재정규모가 GDP의 1.5%에 불과합니다. 또한 출산휴가나 육아휴직의 사용률이 다른 나라에 비해 매우 저조하고, 기업의 규모와 업종에 따라서 편차가 매우 큰 편입니다.

제4장은 저출산·고령화·인구감소가 초래하는 변화와 문제를 논의합니다. 저출산·고령화·인구감소가 수십 년에 걸쳐서 서서히 발생한다면 크게 걱정을 안 해도 되겠지만, 한국에서는 이러한 현상이 급격

하게 일어나 문제시되고 있습니다. 저출산·고령화가 진행되면 일인당 GDP가 낮아질 가능성이 높습니다. 고령화로 인해 전체 인구에서 일하는 사람 비중이 줄기 때문이지요. 이를 막으려면 생산성이 높아져야 합니다. 노동자가 더 땀 흘려서 열심히 일한다고 생산성 향상이 이루어지는 것은 아닙니다. 자본 심화가 이루어지고 신기술이 개발되어서 한 명의 노동자가 그 이전보다 더 효율적으로 일할 수 있고 노동자 하나하나가 좋은 교육을 통해 업무 능력이 향상될 때, 생산성 향상이 이루어질 수 있습니다. 자본, 기술개발, 교육이 중요한 변수라는 것입니다.

요즘 청년 일자리가 없다고 걱정을 많이 합니다. 그러나 외국인 노동자가 증가하는 것을 보면 일자리가 없다기보다는 청년들이 원하는 양질의 일자리가 없다는 것입니다. 이러한 현상은 고령 노동자들이 은퇴함에 따라 몇 년 내에 해결되고 결국에는 청년 노동자 부족 시대가 오리라는 것이 전문가들의 전망입니다. 저출산·고령화·인구감소를 우리보다 먼저 겪고 있는 일본의 경우, 15~29세 청년 실업률이 우리보다 낮습니다. 한국도 청년 실업률이 최근 몇 년간 줄어드는 추세를 보여 일본과 유사한 양상을 보일 것 같습니다.

저출산·고령화는 지방 소멸, 간병 수요 증가 등 사회문제도 발생시킵니다. 현재 지방소멸과 수도권 인구 집중은 한국에서 진행 중입니다. 2020년 기준 지방소멸 위기 지역은 한국 전체 면적의 60%인데 이곳에 전체 인구 중 9.6%만이 거주하고 있습니다. 지방소멸에 대비하고자 하는 정책을 시행 중이지만 이러한 정책이 진정한 효과를 거두고 있는지는 확실하지 않습니다. 인구 고령화에 따라 노인 수가 증가하고 이에 따라 간병수요도 증가하고 있습니다. 2050년 전체 인구의 약 15%가 돌봄이 필요할 것이라는 전망도 있는데, 큰 문제 중 하나는 간병인 부족입니다. 간병인 부족은 간병 비용의 증가로 이어져 가계에 큰 부담을 줍니다. 간병인 부족을 외국인 간병인 고용으로 해결하자는 주장도 있으나 현재의 최저임금 수준에서는 이들에게 내야 하는 비용이 만만치 않습니다. 간병인 부족에 대처하려면 간병을 자동화시켜 간병인의 생산성을 늘리는 것 외에는 방법이 없어 보입니다.

저출산·고령화는 국방력 유지에도 어려움을 발생시켜 군사력과 외교력 약화를 초래할 수도 있습니다. 병무청 통계에 의하면 2012년 현역병 입영자 수는 14만 정도인데 2021년에는 9만 8천여 명으로 감소했습니다. 병력 유지가 머지 않아 국방의 최대 현안으로 떠오를 것 같습니다. 저출산과 고령화로 인한 인구감소와 경제활동 인구의 위축은 경제성장 둔화와 복지비 급증을 초래하여 군사비 지출에도 제약을 가할 것입니다. 따라서 동북아의 군비경쟁이 인구변화로 인해 둔화될 가능성이 있습니다. 반면에 고령화를 겪는 패권국이 군사력 쇠퇴 전에 예방 전쟁을 일으킬 수도 있으므로, 면밀하게 국제관계를 주시해야 합니다.

제5장은 한국 저출산의 주요 원인에 대해 생각해 봅니다. 한국 저출산의 주요 원인으로 주택 가격이 종종 거론되는데 이는 데이터에 비추어 보아도 사실로 보입니다. 2011년~2021년 기간 시군구 평균지가가 출생률에 유의미한 영향을 미치는 것으로 나타납니다. 주택가격과 지가는 비례적으로 움직이니까, 주택가격이 출생률에 유의미한 영향을 미치는 것으로 판단합니다. 구체적으로 1㎡당 평균 지가가 백만 원 상승

할 때, 출생률이 0.14% 감소하는 것으로 나타났습니다. 이는 최근 10년 간 출생률 하락의 약 8.6%를 설명합니다.

여성의 경력 단절 우려는 또 다른 저출산 요인입니다. 기혼 여성이 경력 단절 위험이 높은 대기업 등 일반 직장에 다닐 경우 자녀의 수가 감소한 반면, 상대적으로 경력 단절 위험이 적은 정부 및 공공기관에 다닐 경우 자녀의 수가 덜 감소한 것으로 나타납니다.

최근 청년층 고용 불안은 저출산으로 이어집니다. 2010년 혼인이 32만건이었는데 2022년 19만건으로 감소했습니다. 남성의 경우 30세 이하 결혼 비율도 2010년 32.9%에서 2022년 21.8%로 하락하였습니다. 고용불안으로 인해 결혼을 안 하고, 결혼을 하더라도 점점 더 늦게 하게 되어서, 출산율도 하락한다고 보여집니다.

사교육비 증가는 자녀가 있는 모든 가정에 경제적 부담을 지우는 데요, 월평균 실질 사교육비가 1만원 증가할 때 합계출산율이 0.012명 감소한다고 합니다. 합계출산율 감소의 약 26%가 사교육비 증가에 의해 설명된다고 하니 사교육은 저출산의 주요 요인 중 하나입니다.

한국 사회에서 여성에게 일과 자녀는 양자택일의 문제가 되어 가고 있습니다. 과거에는 아이를 위해 일을 포기했지만, 이제는 더 이상 일을 포기하지 않으며, 자녀가 있어야 한다는 인식 자체도 약화되었습니다. 과거에는 맞벌이 비중이 저소득 계층에서 높았다면, 현재는 고소득 계층에서도 확대되었습니다. 일과 양육의 긴장 구조에서 초래되는 부정적 결과를 미연에 방지하기 위해, 출산의 지연 또는 회피가 늘어날 수밖에 없습니다. 결국 일하고 싶어하는 여성과 이를 뒷받침해주지 못하는 가정과 사회가 저출산 요인 중 하나입니다.

제6장은 주요 선진국의 저출산·고령화·인구감소 문제 극복 방안을 살펴 봅니다. 많은 국가들이 저출산·고령화·인구감소를 사회적 문제로 인식하여 갖가지 정책을 시행하고 있습니다. 한국은 대통령 직속으로 "저출산·고령사회 위원회"를 설치하여 2006년부터 범정부 합동으로 5년 단위 "저출산·고령사회 기본계획"을 수립하여 시행하고 있습니다. 그러나 정부의 노력에도 불구하고 저출산 극복 성과는 매우 빈약해 보입니다. 합계 출산율은 2015년 이후 계속 감소 중입니다. 한국은 고령화 대응을 위해서 기초노령연금법(2007년), 노인장기요양보험법(2008년), 고령친화산업진흥법(2008년), 치매관리법(2012년) 등을 제정하고, 고령자고용촉진법을 개정(2008)하여 고령자 보호 관련 제도를 정비했습니다. 특히, "저출산·고령사회 위원회"는 저출산 정책과 더불어 고령사회 대책을 체계적이고 종합적으로 추진하고 있습니다. 노후 소득보장, 돌봄, 노인 일자리 확보 등을 위한 정책이 시행 중입니다.

이웃나라 일본도 1989년 합계출산율이 1.57명으로 떨어지면서 저출산 문제에 대한 적극적인 정책을 추진하기 시작했습니다. 일본 정부는 합계출산율 목표를 1.8명으로 설정하고 다양한 지원 정책을 시행하고 있습니다. 그러나 아직까지 출산율의 반등을 경험하지 못하고 있습니다. 스웨덴, 헝가리 등 유럽 국가는 가족관계 정부 예산이 한국보다 높고 제한적 수준의 저출산 극복 성과를 이루고 있습니다. 특히 헝가리의 저출산 대응 정책은 유럽 내에서도 주목받고 있습니다. 이 정책은 오르반 총리가 2010년 재집권한 이후 더욱 강화되었으며, 순혈주의와 반이민 정서를 포함한 독특한 철학에 기반을 두고 있습니다. 오르반 정부는 저출산 문제를 국가의 미래와 직결된 중대한 문제로 인식하고, 이를 해결하기 위해 가족지원 체제 강화, 주택지원 정책 확대, 금융 인센티브 제공, 보육 및 세금 혜택 등 다양한 정책을 시행하고 있습니다. 예외적으로 이스라엘은 출산에 대한 국가의 지원이 그다지 높지 않지만, 다산을 장려하는 유대교 그리고 아랍민족에 둘러싸인 지정학적 이유로 높은 출산율을 기록 중입니다. 이스라엘 사례가 보여 주는 것은 출산이 경제적 요인뿐 아니라 기타 종교, 문화, 정치 상황에 큰 영향을 받는다는 것입니다.

제7장은 한국의 저출산 극복 방안에 대해 알아봅니다. 정부는 이미 출산·출산 예정 가구에 대한 주거 지원, 출산·출산예정 여성에 대한 경제적·제도적 지원, 사교육비 경감을 위한 지원, 남녀의 육아 휴직 제도 도입을 통해 저출산 극복을 위해 노력해 왔습니다. 그러나 정부가 이러한 정책을 더욱 정교하게 가다듬고 보다 많은 사람이 정책 혜택을 받을 수 있도록 포용적으로 만들어야 합니다. 주거 지원은 수요가 많지 않은 직접 주택 공급보다는 주택 마련 자금 저리 대출 정책을 확장하는 방향으로 가야 합니다. 일·가정 양립을 위한 출산 휴가와 육아 휴직제도는 아직 이용률이 저조한 편이어서 이용률 제고를 위한 방안을 수립해야 합니다. 사교육비, 특히 영어 사교육비는 양육비용을 높이는 주요인입니다. 지금이라도 하루빨리 초등학교 1, 2학년의 영어 수업을 재개하고 유치원 교육과정에도 영어 수업을 포함해 사교육비 부담을 완화해야 합니다.

혼인에 대한 인식이 전 세계적으로 바뀌고 있습니다. 이런 현실을 고려해서 정부와 국회는 비혼 가구에 대한 법률적·제도적 차별 철폐를 정책목표로 설정해야 합니다. 출생신고 시 혼인중의 출생아인지 혼인외의 출생아인지 명시하는 제도, 주민등록등본에 세대주와의 관계를 명시하는 관행, 건강가정기본법이 규정하는 협소한 가족 범위 그리고 비혼 가구에 대한 난임 시술 지원 차별은 저출산 극복을 위해 궁극적으로 철폐되어야 합니다. 정부의 저출산 극복을 위한 정책 중 기업의 협조가 절실한 부분이 있습니다. 기업도 저출산이 결국 자신의 문제란 점을 인식하고 저출산 극복을 위해 많은 노력을 기울여야 합니다.

제8장은 저출산·고령화·인구감소가 가져올 변화에 대응하는 국가 재설계에 대해 논의합니다. 저출산·고령화·인구감소는 단기간에 해결될 수 있는 문제가 아닙니다. 따라서 저출산·고령화·인구감소가 진행된다는 전제로 국가 재설계를 해야 합니다. 낮아질 것으로 보이는 소득 수준, 연금 고갈, 지방 소멸, 도시 집중에 따른 주거비 상승, 노인 돌봄 수요 증가, 노인 고독사, 청년층·중장년층의 정서적 피폐화 등은 저출산·고령화·인구감소 시대에 우리가 당면한 시급한 문제입니다.

로봇·AI 도입을 통한 생산성 향상, 연금의 모수 개혁과 수령 가능 나이 조정, 지방 소멸에 대응하는 거점 도시 육성, 대도시 주거비 경감 방안 마련, 노인 돌봄 자동화, 외로운 청년과 노인을 위한 정서적 지원 등이 이런 문제에 대처하기 위해 우리가 해야 할 일입니다. 하나하나가 만만하지 않은 과제이고 새로운 도전입니다. 한국 국민의 합심과 노력이 어느 때보다 절실해 보입니다.

이 책이 저출산·고령화·인구감소에 대한 대중의 경각심을 환기시키고 이 문제 극복에 많은 분이 동참하는 데 작은 도움이라도 되었으면 합니다. 문제는 심각하지만 함께 노력하면 극복할 수 있다는 희망을 가져 봅니다.

2024년 8월
최 인

차례CONTENTS

인구위기,
내일은 없어지나?

한국의 출산율과 인구구조

● ● ●

한국의 출산율과 인구구조는 1950년대 이후 급격한 변화를 겪어 왔습니다. 유소년 인구가 많은 피라미드형에서 유소년 인구가 적고 노령층이 많은 역삼각형으로 변화하였습니다. 합계출산율이 매우 낮아져서 2050년에는 인구가 4,300만~4,700만 정도가 될 것으로 보이고, 2100년에는 1,700만~2400만 정도가 될 것으로 예상합니다.

60년대와 70년대에는 "둘만 낳아 잘 기르자"고 정부가 캠페인을 벌인 적이 있었습니다. 수십 년이 지난 지금 한국은 저출산·고령화·인구감소를 염려하는 나라가 되었습니다. 지난 수십 년간 한국의 출산율과 인구 구조는 어떻게 변화했나요?

김수민 대한민국의 인구구조는 1950년대부터 1970년대까지는 피라미드형으로 유소년 인구가 많아 인구가 전체적으로 젊은 편이었습니다. 이 시기에는 평균 연령이 23세 정도 밖에 되지 않았습니다. 1970년부터 통계청의 인구동향조사가 시작되어 그 전의 수치는 정확하지 않지만 1950년대와 1960년대의 합계출산율*은 4.62~6.33 사이였던 것으로 추정됩니다.

정부의 인구억제정책에 힘입어 1960년대부터 출산율이 낮아지기 시작하였습니다. 1970년대에도 지속적으로 낮아져 1970년에는 4.53이었던 출산율이 1979년에는 2.90까지 내려오게 됩니다. 1980년대에는 출산율이 처음으로 대체출산율**을 하회하게 되었고, 1980년대 중반부터 1990년대 후반까지 1.7~1.5선까지 하락하였습니다. 1980년 초반에

---

* 합계출산율은 가임기 여성(15~49세) 1명이 가임기간(15~49세) 동안 낳을 것으로 예상되는 평균 출생아 수를 지칭한다.
** 대체출산율은 한 국가가 현재의 인구수준을 유지하는데 필요한 합계출산율을 가리키며, 유아사망률이 낮은 선진국의 경우 2.1이다.

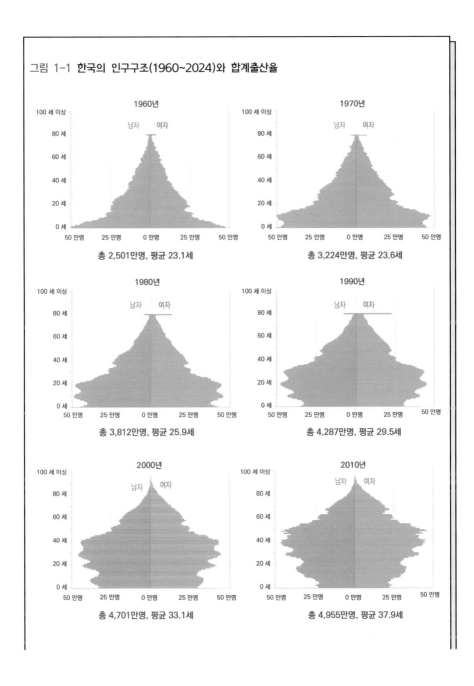

그림 1-1 한국의 인구구조(1960~2024)와 합계출산율

1960년
총 2,501만명, 평균 23.1세

1970년
총 3,224만명, 평균 23.6세

1980년
총 3,812만명, 평균 25.9세

1990년
총 4,287만명, 평균 29.5세

2000년
총 4,701만명, 평균 33.1세

2010년
총 4,955만명, 평균 37.9세

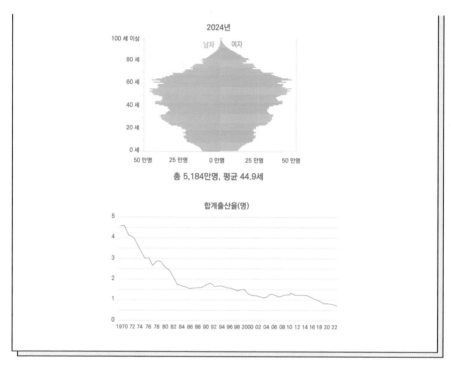

출처: 통계청, "인구동향조사".

는 인구구조가 항아리형이었으나 1990년부터는 유소년층이 상대적으로 적은 역삼각형의 구조가 확연히 나타납니다. 1983년에 2.06을 기록하며 대체출산율을 달성하게 되었는데, 정부의 인구억제정책은 1980년대 내내 지속되어 1996년에야 종료되지요.

2000년대에도 출산율의 하락추세는 계속되어 2001년에는 초저출산율인 1.31을 기록했습니다. 2000년대의 평균연령은 33세를 기록하여 1950~70년대의 평균연령인 23세에 비하면 상당히 나이든 인구가 되었습니다. 출산율을 반등시키기 위해 2005년에 저출산 고령사회기본법이 제정되었으나 큰 효과를 보지 못하였습니다. 1.1~1.2 수준에서 답보하다가 2010년대 중반을 기점으로 1.0선이 무너지면서 지난해인 2023년에는 세계 최저치인 0.72를 기록하게 됩니다.

2024년의 인구구조는 2010년 후반 이래 급격한 출산율 감소 추세로 인해 유소년인구가 상대적으로 굉장히 적은 마름모꼴을 보이고 있고, 평균연령도 44.9세로 고령화가 상당히 진행된 모습을 보이고 있습니다.

[그림 1-1]은 지난 60여 년간 한국의 인구구조와 합계출산율의 변천을 요약적으로 보여주고 있습니다. 피라미드형으로부터 마름모꼴로 변한 한국의 인구구조가 확연히 보입니다.

2100년이 되면 한국 인구가 지금의 절반이 되고 출생아 수도 확연히 감소할 것이라는 전망도 있던데요. 지금 같은 추세가 계속된다면 2050년, 2100년에 한국의 인구는 어떻게 되리라 예측하나요?

김수민 인구는 출생, 사망, 국제이동의 세 가지 요인의 결과입니다. 통계청에서는 2~3년마다 향후 50년 동안의 미래인구추계를 발표하는데, 인구총조사 결과와 최근까지의 출생, 사망, 국제이동 추이를 반영하여 특정 기준치로 가정을 한 다음 장래인구를 전망합니다.

통계청에서 사용하는 추계법은 대표적으로 중위, 고위, 저위의 세 가지입니다. 각각 중간 수준, 높은 수준, 낮은 수준의 출산율과 기대수명 및 국제순이동을 가정하여 미래 인구를 추산합니다. 여기서 제일 중요한 지표인 출산율은 중위일 경우 1.08, 고위일 경우 1.34, 저위일 경우 0.82로 2025년까지 해당 출산율에 수렴한다는 가정을 합니다.*

작년 2023년의 합계출산율이 0.72였다는 것을 감안하면, 저위 추계법도 출산율이 현재 수준에서 0.10 정도 회복될 거라는 추측에 기반한 것입니다. 중위의 1.08은 2010년대 중반 수준으로의 회복이고, 고위의 1.34는 2000년대 초반 수준으로의 반등이 이루어져야만 현실과 비

---

* 통계청(2023), 장래인구추계: 2022~2072년.

표 1-1 **2050년 인구추계**

2050	총인구	출생아 수	중위연령	0~14 세	15~64 세	65+세
중위추계(출산율 1.08)	4,710.7 만명	21.2 만명	58 세	8.0%	51.9%	40.1%
저위추계(출산율 0.82)	4,333.3 만명	15.5 만명	59 세	6.3%	52.5%	41.2%

출처: 통계청(2023), 장래인구추계: 2022~2072년.

숫한 추계가 이뤄집니다. 하지만 과거의 추세를 감안했을 때 한국의 출산율은 지속적으로 감소해왔으며 0.50 이상 반등한 적은 한번도 없었습니다. 따라서 저위 추계법도 낙관적인 예측이며, 중위 추계법은 매우 낙관적인 예측이라는 것을 먼저 말씀드립니다.

먼저 [표 1-1]의 2050년 중위 추계치를 보면 총인구는 약 4,711만명으로 2023년 기준 5,133만명에서 약 422만명 줄어들고, 출생아 수는 21.2만명으로 2023년의 23만명보다 1.8만명 감소합니다. 중위연령은 58세로 2023년의 46세보다 약 12세가 증가하게 되며, 생산연령인구(15~64세) 비중은 약 52%로 2023년의 70%에서 상당히 낮아지게 됩니다. 반대로 고령인구비율은 약 40%로, 2023년 19.2%의 두 배가 넘는 수치를 보이고요. 저위 추계치는 총인구와 출생아 수에서 중위 추계치와 많은 차이가 있습니다. 총인구는 4,333만명이어서 2023년보다 거의 800만명이 줄어들고, 출생아 수도 15.5만명으로 2023년 출생아 수의 30% 이상이 줄어듭니다.

만약 중위 출산율인 1.08과 저위 출산율인 0.82가 2050년부터 2100년까지 50년 동안 계속 유지가 된다면 2100년 인구 추계치는 [표 1-2]와 같습니다. 중위일 경우 총인구는 약 2,440만명으로 2050년 중위 인구의 48% 수준으로 줄어듭니다. 출생아 수도 10.8만명으로 2050년 중위추계 출생아 수의 약 50% 수준으로 줄어들고요. 생산연령인구 비

표 1-2 **2100년 인구추계**

2100	총인구	출생아 수	중위연령	0~14 세	15~64 세	65+세
중위추계(출산율 1.08)	2,439.9 만명	10.8 만명	-	7.1%	48.5%	44.4%
저위추계(출산율 0.82)	1,663.9 만명	4.7 만명	-	5.0%	44.4%	50.6%

출처: 통계청(2023), 장래인구추계: 2022~2072년.

중은 48.5%로 줄어들고 노령인구비중은 44.4%로 늘어납니다.

저위추계일 경우 인구감소가 더 큰 폭으로 일어납니다. 0.82의 출산율이 50년간 지속될 경우 총인구는 약 1,664만명으로, 2050년 저위추계 인구인 4,333만명에서 60% 이상이 감소합니다. 또 출생아 수도 4.7만명으로 2050년 저위 출생아 수인 15.5만명에서 무려 약 70%가 줄어듭니다. 생산연령인구 비중은 44.4%, 고령인구 비중은 50.6%로 증가해 생산가능인구보다 노인인구가 더 많은 상황이 올 것으로 예측됩니다.

해당 추계 수치들은 한국의 고령화가 급속도로 진행되고 있음을 시사합니다. 빠른 시일 내에 최대한 출산율 반등을 0.82 이상 이루지 못하면 75년 후에는 전체 인구가 현재의 3분의 1로 줄어들고 인구의 반 이상이 고령자가 되어 국가가 지속불가능한 경로에 오를 것으로 예측됩니다.

한국의 출산율과
인구구조

2

전 세계
인구 추이와 동인

● ● ●

지난 200년간 세계인구는 10억명에서 80억명으로 증가했습니다. 인구 증가의 주요 원인은 산업혁명이 가져온 기술과 경제의 발전입니다. 또한 출산율보다는 낮아진 사망률이 인구 증가에 큰 역할을 하였습니다. 그러나 인구 증가율은 1963년을 정점으로 감소하고 있고, 세계인구는 2060~2080 사이에 정점을 찍고 감소할 것으로 보입니다. 또한 아프리카를 제외하고 전 세계적으로 고령화가 진행 중입니다. 최근까지는 중국이 인구 최대국이었으나, 2023년 인도가 인구 최대국이 되었습니다.

지난 200년간 전 세계 인구는 어느 정도 증가했고 주원인은 무엇인가요? 출산율이 높아져서 인구가 증가했나요, 아니면 사망률이 낮아져서 그렇게 되었나요?

김수민　세계인구는 약 200년 전 1804년에 10억명이 되었고 2023년에 80억명을 돌파했습니다. 지난 200년 동안 약 70억명의 인구가 증가한 것입니다. 기원전 10,000년부터 1700년까지 세계인구의 평균 연 증가율은 약 0.04%였으나 그 이후로는 세계인구 증가율이 지속적으로 상승하여 20세기에 와서는 최대 2.3%까지 증가하였습니다([그림 2-1] 참조).

지난 200년간의 폭발적인 인구증가는 산업혁명에 기인한다는 의견이 지배적입니다. 18세기 후반부터 시작된 산업혁명이 가져온 기술과 경제의 발전은 사람들의 생활환경과 의료수준을 근본적으로 개선시키며 기대수명을 극적으로 증가시켰습니다. 상하수도 시스템의 개발은 전염병의 창궐을 막았고, 백신 및 항생제의 개발 및 의료 발달이 사망률을 낮추는 데 큰 기여를 하였습니다. 1800년에는 세계 평균 기대수명이 28.5세 정도밖에 되지 않았으나 지속적으로 증가하여 2000년에는 66.5세까지 상승하였습니다.

인구는 출산율과 사망률로 결정이 됩니다. 출산율은 변동이 크게 없는 데에 비해 사망률이 크게 낮아지다 보니 인구가 증가하게 되었습

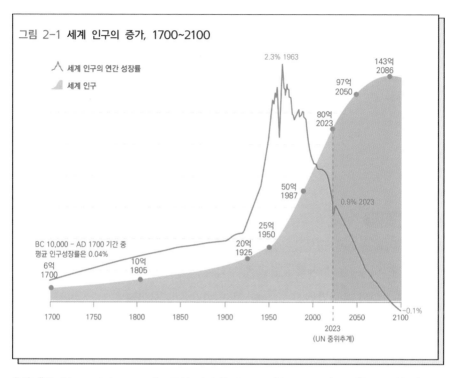

그림 2-1 세계 인구의 증가, 1700~2100

⋀ 세계 인구의 연간 성장률

◢ 세계 인구

2.3% 1963

143억
2086

97억
2050

80억
2023

50억
1987

0.9% 2023

25억
1950

BC 10,000 – AD 1700 기간 중
평균 인구성장률은 0.04%

20억
1925

6억
1700

10억
1805

−0.1%

1700 1750 1800 1850 1900 1950 2000 2050 2100

2023
(UN 중위추계)

출처: "World population growth, 1700−2100", Our World in Data. https://ourworldindata.or
g/population−growth−over−time

니다. 세계의 평균 출산율은 산업혁명 이후에 떨어지긴 하였으나 1965
년까지 5.0을 유지하였고,[*] 2020년에도 2.3 정도로 대체출산율을 상회
하고 있습니다. 따라서 산업혁명부터 시작된 기술발전이 인간의 생활환
경과 의료수준 개선에 지속적으로 기여하여 세계인구의 사망률이 크게
줄어든 것이 1800년 이래 폭발적인 인구 증가의 원동력이 되었습니다.

---

[*] UN, World Population Prospects(2022), https://population.un.org/wpp/Download/

지난 200년간 세계 도처에서 산업화가 급격히 이뤄졌는데 과거의 인구
증가, 최근의 출산율 감소와 관련되어 있나요?

김수민 18세기 후반부터 일어난 산업혁명은 인구 증가를 촉발시켰는
데 그 원인은 출산율이 올라갔기 때문이 아니라 사망률이 낮아졌기 때
문입니다. 18세기 대표적인 인구학자인 맬서스는 생활수준이 향상되면
출산율이 올라갈 것으로 예측하였습니다만, 산업혁명으로 촉발된 경제
발전 이후에도 출산율은 올라가지 않고 오히려 내려가는 경향을 보였
습니다.

산업화는 "현대화(modernization)"로 불리는 일련의 변화를 가져왔
는데, 이는 경제와 사회의 구조, 사고방식, 가족문화 및 자녀의 의미를
근본적으로 바꿔놓았으며, 결과적으로 출산율의 하락을 가져왔습니다.
먼저 경제가 1차 산업에서 2차, 3차 산업 중심으로 발전하면서 단순 노
동력보다는 인적 자본이 중요해졌습니다. 이에 자녀를 적게 낳고 그들
의 교육에 집중 투자하는 경향이 늘어났지요. 또, 국가라는 조직이 성
장하여 연금지급 등을 통해 사회안전망을 제공하면서 노후에 자식에게
의존할 필요가 줄어 들었구요. 이런 상황에서 굳이 자식을 여러 명 낳
아 노후에 대한 리스크 관리를 할 필요가 없어졌습니다. 출산의 주체인
여성에게도 교육과 취업의 기회가 점차 확대되어, 그들이 꼭 결혼을 하

여 가족에게 경제적으로 의지하지 않아도 살 수 있는 길이 열리기 시작했습니다. 마지막으로, 의학의 발전으로 여러 피임방법이 보급되기 시작하면서 여성들이 원치 않는 임신을 피할 수 있게 되었습니다.

경제발전이 먼저 이루어진 북유럽이나 북미를 보면 1800년부터 출산율이 꾸준히 감소하여 2000년대 와서는 대체출산율인 2.1을 밑돌고 있는 수준까지 떨어졌습니다. 출산율 감소는 뒤늦게 산업화 및 도시화가 진행된 나라들에서도 공통적으로 나타났습니다. 200년이 지나는 동안 출산율 감소 현상이 전 세계로 퍼지기 시작했고 이제 아프리카와 중동 및 아시아의 몇몇 나라를 제외하고는 거의 모든 나라가 대체출산율을 하회하는 출산율을 갖기 시작했습니다. 경제발전은 의료기술의 발달로 인해 사망률을 낮추기도 했지만 출산율을 낮추는 사회경제적 변화도 가져왔습니다. 따라서 단기적으로는 인구를 증가시키는 효과를 가져왔지만 장기적으로는 인구를 감소시키는 계기를 불러왔다고 봐야 합니다.

경제가 성장하는 나라에서는 인구 성장이 오히려 둔화하고 있는 것 같아요. 한국, 홍콩, 싱가포르 등이 그 예 같은데요. 경제성장률과 인구성장률 간에 관계가 있나요?

김수민 고도의 경제성장은 사망률을 낮추기도 하지만 출산율도 낮추는 사회경제적 변화를 가져오며, 사망률과 출산율이 동시에 떨어지는 현상을 "제2차 인구변천(second demographic transition)"이라고 합니다. 출산율이 지속적으로 떨어지게 되면 인구성장률도 하락하며, 출산율이 대체출산율을 하회하게 되면 인구가 마이너스 성장으로 전환하게 됩니다.

높은 경제성장률을 겪은 나라에서는 도시화, 인적 자본의 발달, 여성의 교육수준 향상과 노동시장 참여, 종교의 영향력 약화, 피임수단의 보급 등 출산율을 낮추는 사회경제적 변화들이 공통적으로 발생합니다. 경제성장의 지표인 1인당 국민총소득(GDP)과 출산율을 대륙별로 나타낸 [그림 2-2], [그림 2-3]을 보면 두 변수가 연관되어 있다는 것을 알 수 있습니다.

산업혁명의 진원지이자 고도의 경제성장이 먼저 일어났던 유럽과 미주지역을 살펴보면, 1인당 국민총소득 증가율이 다른 지역보다 높은 수준이며 출산율도 제일 낮은 수준입니다. 반면에 고도의 경제성장이 아직 진행되지 않은 아프리카 지역을 보면, 1인당 국민총소득 증가율은 낮은 데에 비해 출산율은 4.0 수준으로 다른 대륙에 비해 확연히 높습니다. 이처럼 대체적으로 경제성장률이 높으면 인구성장률을 낮추는 효과가 있습니다.

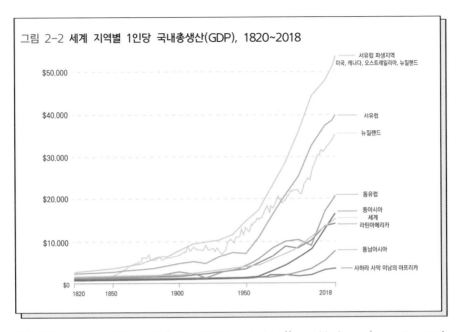

출처: "GDP per capita, 1820 to 2018", Our World in Data. http://ourworldindata.org/economic—growth

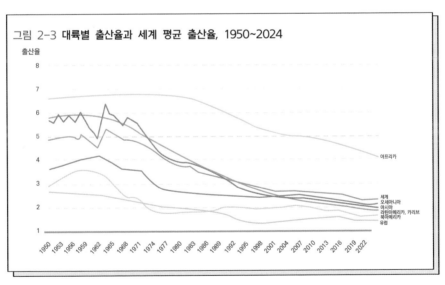

출처: Fertility rate in each continent and worldwide, from 1950 to 2024. Statistica 2024.

지난 100년간 전 세계 인구는 어떻게 변화했고, 지구 인구의 피크는 언제 오나요? 인구 구성은 앞으로 어떻게 변할까요?

김수민　　지난 100년간 전 세계 인구는 급격한 성장을 하였습니다. 1927년에는 20억명이었던 인구가 2022년에 80억명을 돌파하여 4배가 되었습니다. 이는 기대수명이 늘어나 생존하는 중장년 및 고령인구가 많아졌고, 세계 평균 출산율도 대체출산율 이상을 유지하여 새로운 세대가 지속적으로 많이 태어났기 때문입니다. 그러나 출산율은 1963년에 5.32를 최고점으로 계속 감소하는 추세이기 때문에, 인구가 증가하는 속도인 인구증가율도 1963년에 2.3%을 정점으로 계속 하락하고 있습니다. 세계인구는 앞으로 약 100억명까지 서서히 증가하다가 정짐을 찍고, 그 이후로는 급격하게 감소할 것이라고 전문가들은 예측합니다. 최고점에 도달하는 시점은 인구학자마다 의견이 다르나 대략적으로 2060 ~2080년 사이가 될 것으로 보입니다.

[그림 2-4]에 그려진 인구구조를 살펴보면, 1990년까지는 유소년 인구가 확장하는 피라미드형이지만, 2000년 그래프부터는 출산율 감소로 인해 유소년 인구가 더 이상 증가하지 않는 항아리형으로 바뀌고 있습니다. 2021년 기준으로 세계인구 출산율은 2.32이지만, 감소추세가

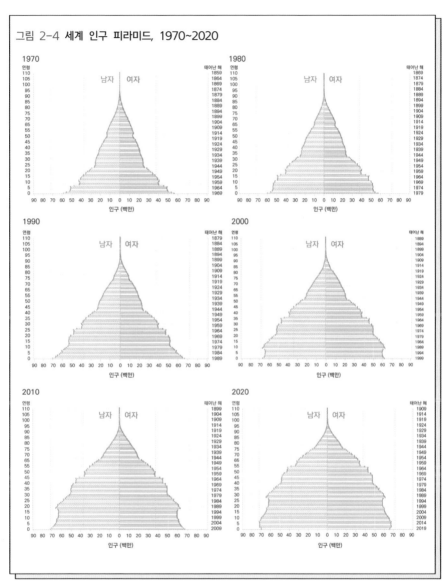

그림 2-4 세계 인구 피라미드, 1970~2020

계속되어 대체출산율을 하회하게 되면 유소년 인구가 줄어드는 역삼각형 인구구조로 변할 가능성이 있습니다. 지역적인 편차가 크긴 하지만, 세계인구는 전체적으로 고령화가 진행되고 있음을 알 수 있습니다.

지난 200년 동안 인구는 빠르게 증가했는데, 최근에는 증가세가 둔화하고 있습니다. 그 중요 원인은 무엇인가요? 정부의 출산 억제 정책도 인구 증가세 둔화에 효과를 미친 것인가요?

김수민 2022년에 세계인구는 80억명에 도달했습니다. [표 2-1]의 통계에 보이듯이 세계인구가 70억명에서 80억명까지 성장하는데 11년 걸렸지만, 90억명에 도달할 때까지는 15년, 100억명까지는 20년 이상이 걸릴 것으로 예상됩니다.

인구가 증가하는 속도가 떨어지고 있는데, 인구증가율은 1963년에 2.3%에서 정점을 찍고 계속 하락하는 중입니다. 세계인구가 점점 더디게 증가하는 가장 중요한 이유는 출산율 감소입니다. 세계인구 합계출산율은 1963년에 5.32로 고점을 기록한 이래 지속적으로 하락하여 2021년에는 2.32까지 떨어졌으며, 계속 감소추세입니다.

앞서 [그림 2-3]에서 소개한 대륙별 출산율 그래프를 보면, 모든 대륙들의 합계출산율이 낮아지고 있습니다. 2023년 기준 아프리카를 제외한 모든 대륙의 출산율이 세계 평균인 2.32보다 낮습니다(아프리카 4.18, 아시아 1.93, 유럽 1.50, 라틴아메리카 1.84, 북미 1.64, 오세아니아 2.13).

표 2-1 세계인구 증가 추이와 미래 추계

인구	10 억	20 억	30 억	40 억	50 억	60 억	70 억	80 억	90 억	100 억
연도	1804	1927	1960	1974	1987	1999	2011	2022	2037	2057*
소요시간	200,000+	123	33	14	13	12	12	11	15	20

출처: World Population Milestones. https://www.worldometers.info/world-population/#growthrate. UN추계에 기반한 데이터.

경제가 발전하면서 수반되는 사회경제적 변화들은 출산율을 감소시키는 효과를 가져옵니다. 산업의 고도화와 도시화, 인적자본의 중요성 등은 부모들에게 자녀의 수를 줄이고 그들의 교육에 투자하도록 유도합니다. 또한 여성의 교육수준 향상과 취업기회의 확대는 그들에게 결혼과 출산을 미루거나 아예 기권할 수 있는 선택권을 주었습니다. 이와 동시에 피임을 허락하지 않던 종교의 영향력 약화도 문화적으로 큰 영향을 주었습니다.

이에 더불어 많은 국가에서 실시한 출산억제정책도 출산율 감소에 큰 역할을 하였습니다. 20세기 중후반에는 한국, 중국, 인도를 포함한 여러 개발도상국에서 급격한 인구증가가 경제발전을 저해할 것을 우려하여 강력한 인구억제정책을 실시하였습니다. 피임시술을 무료보급하고 각종 규제와 보상을 통해 자녀 수를 제한할 것을 종용하였습니다. 한국과 중국 같은 경우는 출산율이 대체출산율보다 낮아졌는데도 출산억제정책은 수년간 계속되었습니다.

최근에는 많은 지역에서 경제가 저성장 국면에 접어들고 주거비 등 생활비가 실질 임금보다 상승하여 자녀를 양육하기에 어려운 환경이 조성되었습니다. 따라서 인구억제정책의 종료 후에도 출산율이 하락하고 있으며, 이에 따른 고령화와 인구감소가 경제성장 및 사회전반에 미칠 영향에 대한 우려가 커지고 있습니다.

미주, 유럽, 아시아, 아프리카는 산업화 단계가 각각 다릅니다. 이들 대륙이 같은 인구 동태를 보이나요? 인구가 여전히 증가하고 있는 대륙도 있나요?

김수민   유럽과 북미는 세계에서 산업화와 경제발전의 선두 지역으로 저출산, 고령화 현상이 공통적으로 나타나고 있습니다. 두 지역 모두 1970년대부터 출산율이 대체출산율을 하회하기 시작했습니다. 인구구조를 보면 유럽은 유소년인구가 중장년인구보다 확연하게 적은 역삼각형 모양을 나타내고 있고, 북미는 유소년인구가 중장년인구보다 점차 줄어들고 있는 항아리 모양을 보여주고 있습니다([그림 2-5] 참조). 비슷한 동태이긴 하지만 유럽의 출산율이 북미보다 더 일찍 하락했기 때문에 고령화와 인구감소가 더 빨리 진행되었습니다. 인구예측자료에 의하면 유럽의 인구감소는 2026년경 시작되는 반면, 북미는 2080년경부터 감소가 시작될 것으로 보입니다. 또한 2050년 유럽의 부양비*(dependency ratio)는 75%로 예상되어 미주의 64%보다 높은 편입니다.

---

* 부양비는 비생산연령인구를 생산연령인구(15~64세)로 나눈 비율을 의미한다.

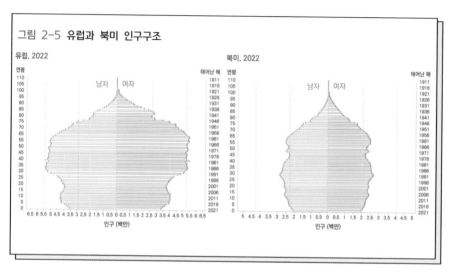

그림 2-5 유럽과 북미 인구구조

유럽, 2022

북미, 2022

출처: UN, World Population Prospects. 2022. https://population.un.org/wpp/Graphs/DemographicProfiles/Pyramid/900

아시아는 이질적인 인구동태를 보이는 여러 지역을 포함하고 있고, 세계에서 제일 인구가 많은 중국과 인도가 속해있는 대륙입니다. 중국은 산업화의 시작은 늦었지만 공격적인 산아제한정책으로 인해 출산율이 1990년대 초부터 대체출산율을 하회하여 2022년부터 인구감소가 시작되었습니다. 반면에 인도의 출산율은 2024년부터 대체출산율을 하회할 것으로 예상되며 2050년경부터 인구감소가 예상됩니다. 일본이나 한국 등 고도의 경제성장을 겪은 나라들은 급격한 출산율 감소로 인하여 고령화가 굉장히 빠른 속도로 진행되고 있습니다. 아시아 전체적으로는 유럽이나 북미보다는 출산율 감소가 조금 더 늦게 시작하였고 고령화 속도도 유럽보다는 느린 편입니다. 전체 인구구조 역시 아직 유소년층과 중장년층이 두꺼운 항아리형입니다([그림 2-6] 좌측 패널 참조). 아시아 전체의 2050년 부양비는 59% 정도로 예상됩니다.

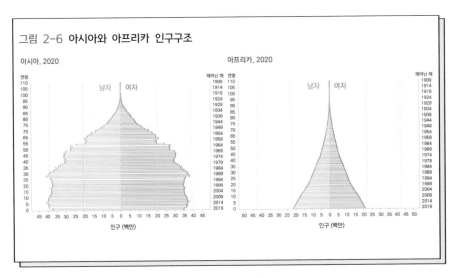

그림 2-6 아시아와 아프리카 인구구조

출처: UN, World Population Prospects. 2022. https://population.un.org/wpp/Graphs/Demogr
aphicProfiles/Pyramid/900

　　반면에 아프리카는 다른 대륙과는 다르게 아직 출산율이 높습니
다. 현재 평균 합계출산율은 4.1이며 2100년이 되어서도 대체출산율을
상회할 것으로 예측되고 있습니다. 따라서 인구구조가 아직도 확장형인
피라미드형이며([그림 2-6] 우측 패널 참조), 유소년 인구가 중장년이나 노
령인구보다 상대적으로 많습니다. 전체 인구도 폭발적으로 증가하는 추
세입니다. 1900년 아프리카의 인구는 1억 4천만명으로 전 세계인구의
9%를 구성하였으나 2024년 현재는 14억명으로 18%를 구성하고 있으
며, 앞으로 50여 년간 세계인구 증가의 원동력이 될 것입니다. [그림
2-7]에서 보이듯이 아프리카의 부양비는 지속적으로 하락하여 2050년
에 62% 정도로 예상됩니다. 다른 지역의 부양비가 최근 증가하는 것과
는 상이한 모습입니다. 인구가 점점 젊어지고 있다는 것을 시사합니다.

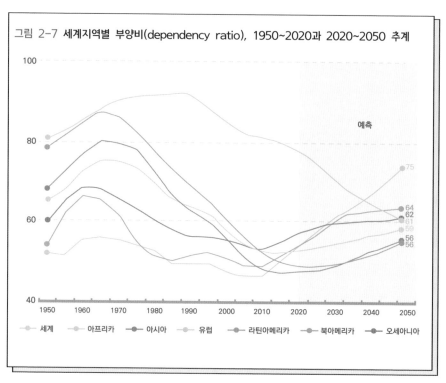

그림 2-7 세계지역별 부양비(dependency ratio), 1950~2020과 2020~2050 추계

출처: Ruiz, Neil, Luis Noe−Bustamante & Nadya Saber. 2020. "Coming of Age." Finance & Development, IMF.
https://www.imf.org/en/Publications/fandd/issues/2020/03/infographic−global−popul
ation−trends−picture

지금까지 중국이 가장 인구가 많은 나라로 알려져 왔습니다. 중국이 인구 최대국 지위를 앞으로도 유지할까요? 100년 후 인구 최대국은 어떤 국가인가요?

김수민　1750년경부터 약 270년 동안 세계에서 인구가 제일 많은 나라는 중국이었으나 2023년부터는 인도가 인구 제1국이 되었습니다.

중국은 35년간 '한자녀정책'으로 공격적인 산아제한 정책을 시행했으며 1970년대 이래 출산율이 빠른 속도로 하락해 왔습니다. 1990년대 초반에 대체출산율인 2.1까지 떨어졌고, 그 이후로도 지속적으로 하락하여 2021년에는 초저출산율인 1.16까지 내려왔습니다. 중국의 전체인구는 2022년에 약 14억 명에서 정점을 찍고 감소하기 시작한 것으로 알려졌습니다.

[그림 2-8]에서 보듯이 인도의 출산율도 1950년대부터 지속적인 감소추세에 있으나 감소 속도가 중국에 비해 훨씬 완만했습니다. 1990년에 4.04였고 2004년에 3.05였으며 2021년에 2.03까지 하락했는데, 1.0 하락할 때마다 약 15년 정도가 걸렸습니다. 인도의 인구는 2023년에 14억 2,577만명을 돌파하여 중국을 제치고 세계 인구 제1국이 되었습니다.

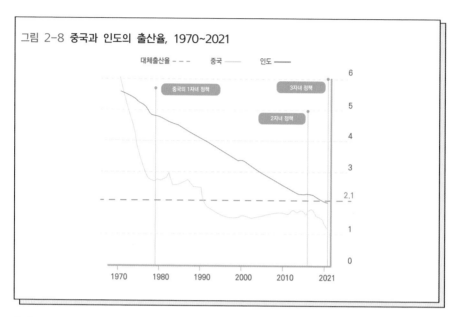

그림 2-8 **중국과 인도의 출산율, 1970~2021**

출처: The Economist.

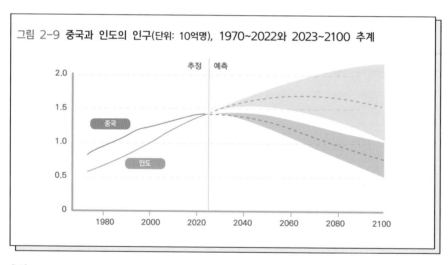

그림 2-9 **중국과 인도의 인구**(단위: 10억명), **1970~2022와 2023~2100 추계**

출처: UN 2023. DESA Policy Brief No. 153: "India overtakes China as the world's most popu
lous country".

[그림 2-9]가 보여주듯이 인도의 인구는 2050년까지는 계속 증가하고 그 이후로는 감소할 것으로 예측됩니다. 그러나 중국의 인구를 따라잡은 시점부터 30년 동안 더 늘어난 수치에서 감소하는 것이고, 인도의 출산율 감소 속도가 중국보다 완만합니다. 그렇기 때문에 지금부터 100년 후에도 인도가 세계 제1위 국가의 지위를 유지할 가능성이 굉장히 높습니다.

생산연령인구는 경제에서는 매우 중요한 역할을 담당하지요. 생산연령인구는 실제로 열심히 일할 수 있는 연령층이라서 국민 소득에 영향을 미치고, 노년층을 부양하는 역할도 하니까요. 생산연령인구의 세계적 추이는 어떤가요?

김수민   생산연령인구는 '경제활동을 할 수 있는 연령의 인구'로 만 15세부터 64세 구간의 인구로 정의하며, 2022년 기준 52억명으로 추정되고 있습니다. 1960년부터 2020년까지는 생산연령인구가 빠른 속도로 증가하였지만, 2020년부터는 증가 속도가 점점 떨어져 2070년경에 약 63억명에서 정점을 찍은 후 감소추세로 전환될 것으로 보입니다([표 2-2], [그림 2-10] 참조). 이는 아프리카를 제외한 세계의 기의 모든 지역에서 저출산 경향이 나타나고 있기 때문입니다.

세계 전체의 생산연령인구 감소 시점은 2070년경으로 예상되지만, 지역별로 차이가 큽니다. [그림 2-11]이 보여주듯이, 저출산과 고령화가 이미 많이 진행된 유럽의 경우에는 이미 2010년부터 감소추세로 들어섰고, 아시아와 라틴아메리카는 2040년경부터 감소할 것으로 예상됩니다. 북미는 2050년에 정점을 찍지만 다른 대륙에 비하면 감소추세가 훨씬 완만할 것으로 예상되고, 이는 젊은 층의 이민자들이 많이 유입되기 때문으로 추정됩니다. 마지막으로 출산율이 아직 높은 아프리카는 유소년 인구가 많아 앞으로 2100년까지는 생산연령인구가 급증할 것으로 보입니다.

표 2-2 **세계 생산연령인구 추이 1960~2020, 미래 추계 2040~2100**

연도	생산연령인구	증감
1960	17 억	
1980	26 억	9 억
2000	39 억	13 억
2020	51 억	12 억
2040	59 억(추계)	8 억
2060	62 억(추계)	3 억
2080	63 억(추계)	1 억
2100	62 억(추계)	-1 억

출처: UN, World Population Prospects, 2022. 미래인구 추계는 UN 중위추계 시나리오에 기반함.

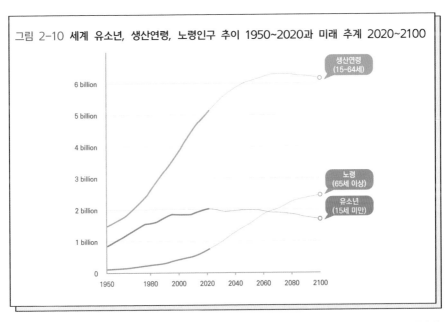

그림 2-10 **세계 유소년, 생산연령, 노령인구 추이 1950~2020과 미래 추계 2020~2100**

출처: UN, World Population Prospects, 2022. 미래인구 추계는 UN 중위추계 시나리오에 기반함. Our World in Data 그래프 디자인.

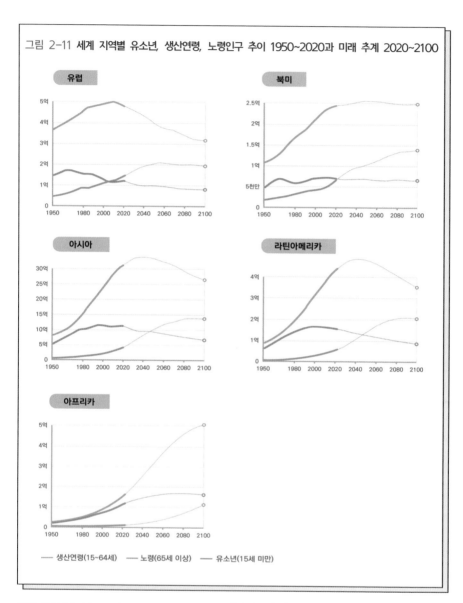

그림 2-11 세계 지역별 유소년, 생산연령, 노령인구 추이 1950~2020과 미래 추계 2020~2100

출처: UN, World Population Prospects, 2022. 미래인구 추계는 UN 중위추계 시나리오에 기반함.
Our World in Data 그래프 디자인.

전 세계
인구 추이와 동인

3

다른 나라들의 저출산·고령화·인구감소 문제

• • •

저출산은 한국만의 문제가 아닙니다. 한국의 합계출산율이 처음으로 대체출산율 밑으로 떨어진 것은 1983년이지만, 유럽과 미국에서는 이미 1970년대 중반부터 이런 현상이 나타나기 시작했습니다. 그러나 한국의 출산율은 현재 유럽과 미국보다 낮아져서 인구 고령화가 가속되고 있습니다. 한국의 노인인구 비중이 2050년에는 OECD 국가 중 가장 높을 것으로 예상됩니다. 한국과 마찬가지로 다른 OECD국가들도 정도의 차이는 있지만 인구감소가 이미 진행 중이거나 2050년 전에 시작합니다. 한국에 노동자를 많이 보내는 베트남과 태국도 이미 저출산과 고령화를 경험 중입니다. 북한의 인구도 2033년을 정점으로 지속적으로 감소하여 2050년에는 2,500만 정도가 될 것으로 보입니다.

저출산·고령화·인구감소가 한국만의 문제는 아닌 것으로 알고 있는데
요. 일본, 이탈리아 등도 비슷한 상황에 있다고 들었습니다. 다른 나라의
저출산·고령화·인구감소 상황은 구체적으로 어떤가요?

김수민 저출산은 국가의 합계출산율이 대체출산율인 2.1 이하인 경우
를 가리키고, 초저출산은 합계출산율이 1.3 이하일 때를 일컫습니다. 합
계출산율은 가임기(15~49세) 여성이 낳을 것으로 예상되는 출생아 수를
뜻하는데, 이 수치가 2.1 정도 되면 외부에서의 인구 유입 없이 현재의
인구가 유지된다고 하여 이를 대체출산율이라고 부릅니다.

저출산은 한국에서 일어나기 전에 유럽과 미국에서 먼저 시작되었
습니다. 한국의 합계출산율이 처음으로 대체출산율 밑으로 떨어진 것은
1983년이지만, 유럽과 미국에서는 이미 1970년대 중반부터 2.1을 하회
하기 시작했습니다. 대체출산율을 하회하면 유소년 인구가 줄어들기 때
문에 장기적으로 고령화와 인구감소가 초래됩니다.

저출산과 이로 인한 고령화와 인구감소가 한국에서만 일어나는 것
은 아니지만, 한국의 문제는 출산율이 감소하는 속도가 너무 빠르다는
점에 있습니다. OECD국가들의 합계출산율을 나타낸 [그림 3-1]을 보
면, 평균적으로 합계출산율이 1983년부터 대체출산율을 하회하기 시작
하여 지속적으로 감소 추세를 보이고 있지만, 한국의 출산율은 OECD

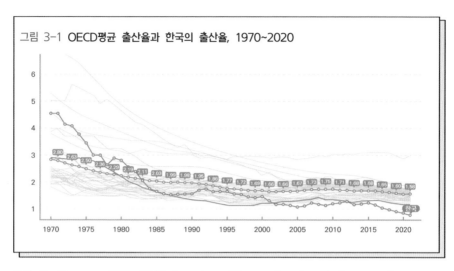

그림 3-1 OECD평균 출산율과 한국의 출산율, 1970~2020

출처: Fertility rates. 2023. OECD Data. https://data.oecd.org/pop/fertility−rates.htm
주: 연두색은 38개의 OECD국가들의 출산율을 각각 나타내며, 보라색은 OECD국가 출산율의 평
　　균치를 나타냄.

평균보다 훨씬 낮은 수치를 보여주고 있습니다. 특히 2000년대 들어서
부터는 1.0에 가까운 추세를 보여주고 있고, 2017년부터는 1.0선도 무
너졌습니다. 현재 대부분의 OECD국가들이 저출산을 겪고 있지만, 한
국보다는 높은 출산율을 보여주고 있습니다.

　　출산율이 한국보다 일찍 감소한 나라들은 고령화가 더 일찍 진행
되었지만, 한국은 출산율 감소 속도가 빨라 다른 나라의 고령화 수준을
곧 따라 잡을 것으로 예측됩니다. 고령화는 전체인구 대비 노령인구의
비중으로 가늠할 수 있습니다. OECD국가들의 65세 이상 인구비중을
나타낸 [그림 3-2]를 보면, 절대적인 수치는 아직 모두 한국보다 높지
만, 한국의 노령인구 비중이 제일 가파르게 증가하고 있습니다. 2020년
기준 일본의 노인인구 비중이 약 30%로 제일 높지만 2050년에는 한국
이 일본을 앞지를 것으로 보입니다.

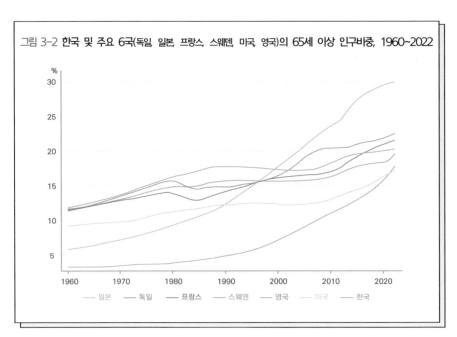

그림 3-2 **한국 및 주요 6국(독일, 일본, 프랑스, 스웨덴, 미국, 영국)의 65세 이상 인구비중, 1960~2022**

출처: Population ages 65 and above(% of total population)
https://data.worldbank.org/indicator/SP.POP.65UP.TO.ZS?locations = KR − DE − JP − FR
− SE − US − GB;
UN, World Population Prospects. 2022.

표 3-1 **한국과 주요국의 출산율, 인구증가율, 노령인구비중**

	한국	OECD 평균	일본	미국	영국	프랑스	독일	스웨덴
출산율 2021	0.81	1.6	1.3	1.7	1.6	1.8	1.5	1.7
인구증가율(%) 2022	-0.2	-	-0.4	0.4	-0.1	0.3	0.7	0.7
65 세 이상 인구비중(%), 2022	17	18	30	17	19	22	22	20

출처: 출산율 https://data.oecd.org/pop/fertility − rates.htm,
　　　인구증가율 https://data.worldbank.org/indicator/SP.POP.GROW,
　　　65세 이상 인구비중(%) https://data.worldbank.org/indicator/SP.POP.GROW

[표 3-1]은 한국과 주요국의 최근 출산율, 인구 증가율, 노령인구 비중을 보여줍니다. 한국은 OECD 평균의 반밖에 안되는 출산율과 마이너스 인구 증가율을 나타내어 우려스럽습니다. 65세 이상 인구 비중은 아직 OECD 평균 밑이지만 조만간 다른 나라를 앞지를 것입니다.

저출산은 인구감소도 초래합니다. 사망자수에 비해 출생아 수가 적으면 인구가 줄어들게 됩니다. 노령인구에 비해 출생아 수가 적으면 적을수록 인구 감소가 빠르게 진행됩니다. 일본은 이미 2011년부터 인구가 계속 감소 중입니다. 한국은 1.0을 밑도는 저출산율로 인해 2021년부터 전체 인구가 줄어들기 시작했습니다. 다른 OECD국가들도 출산율이 대체출산율을 하회하기 때문에 2050년 전에 인구감소가 시작될 것으로 보입니다.

저출산·고령화·인구감소 문제는 경제발전 수준이 높은 국가에서 공통적으로 나타나고 있는 현상입니다. 국가별로 저출산에 대응하기 위해 상이한 정책을 펼치고 있습니다. 한국은 2023년에 0.72의 합계출산율을 보여 세계 최저치를 경신하였는데, 이로 인해 노령화와 인구감소의 속도가 너무 빨라져 다른 나라에 비해 국가적으로 대처하기가 더 어려워지고 있습니다.

인구 고령화 속도는 경제에 중대한 영향을 미칩니다. 고령화가 너무 빠르면 일인당 국민 소득도 줄 수 있고, 노령층에 대한 연금 지급도 어려워집니다. 각국의 고령화 속도는 어떤가요?

김수민 고령화 속도는 65세 이상 인구의 비중이 얼마나 빨리 증가하는지로 가늠할 수 있습니다. 노령인구의 기대수명이 늘어나고 출산율이 낮아질수록 고령화 속도는 빨라집니다. 이외에 전쟁으로 인한 청년인구 사망, 이민으로 인한 외부인구 유입 등이 영향을 줄 수 있습니다. 아프리카를 제외한 다른 지역에서는 기대수명이 비슷하기 때문에 결국 출산율이 노령화 속도에 중요한 역할을 하게 됩니다.

[그림 3-3]에서는 한국을 포함한 주요 8개국의 65세 이상 인구의 비중을 2050년까지 추계하여 표시하였습니다. 모든 나라들의 노인인구 비중이 증가하고 있으나 2020년대부터 한국의 노령인구 비중이 증가하는 속도가 제일 빠른 것을 볼 수 있습니다. UN의 추계대로라면 2050년에는 한국의 노인인구 비중이 일본을 추월할 것입니다. 다른 유럽국가들이나 미국도 노인인구 비중이 증가하지만 그 속도가 한국보다는 훨씬 완만합니다. 2050년에는 한국과 일본의 노인비중이 40%를 돌파하여 세계에서 가장 높을 것으로 예상되며, 독일, 프랑스, 영국 등 다른 국가들도 25~30% 정도로 세계평균 15%를 상회할 것으로 보여집니다.

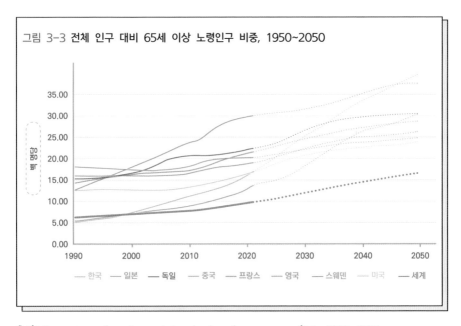

그림 3-3 전체 인구 대비 65세 이상 노령인구 비중, 1950~2050

출처: Percentage of total population by broad age group, 65+, 1990−2050.
UN Data Portal. https://population.un.org/dataportal/data/

한국보다 먼저 저출산·고령화·인구감소를 겪은 선진국들은 인구구조가 어떻게 변하고 있나요? 공통적 모습을 보이나요, 아니면 차이점이 있나요? 한국은 어느 나라와 비슷한가요?

김수민 합계출산율이 대체출산율인 2.1 정도로 감소하면, 유소년인구가 더 이상 늘어나지 않아 인구구조가 피라미드형이 아닌 완만한 항아리형으로 서서히 바뀌게 됩니다. 출산율이 1.5 정도로 떨어지면 유소년인구가 청년인구보다 더 줄어들게 되면서 서서히 역삼각형의 형태를 띠게 됩니다. 출산율 감소가 심하면 심할수록 마름모꼴에 가까워지고, 시간이 지나면서 상대적으로 과밀했던 세대가 나이 들어 사망하면 점점 더 세대별 인구수가 줄어들어 인구구조 모형의 폭이 전체적으로 좁게 줄어듭니다.

선진국들은 한국보다 먼저 저출산을 경험하였지만, 출산율이 어느 정도 하락했는지에 따라서 인구구조의 변화에 다소 차이가 있습니다. 프랑스나 미국처럼 급격하게 떨어지지 않은 경우에는 항아리형으로 먼저 변한 후에 완만한 역삼각형으로 변하는 패턴을 보여줍니다. 그러나 이탈리아, 스페인, 또는 일본과 같이 출산율이 비교적 빨리 떨어진 경우에는 어린 세대가 많이 줄어들어 마름모꼴로 변하면서 불안정한 역삼각형 모양으로 변하게 됩니다([그림 3-4] 참조).

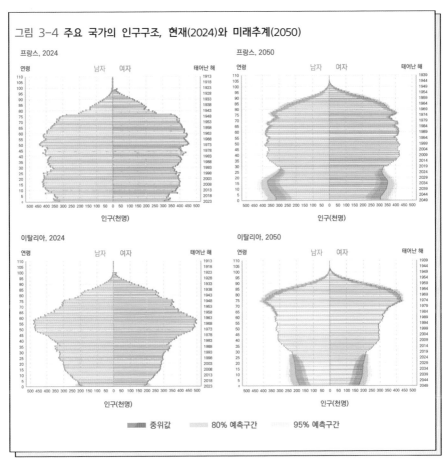

그림 3-4 주요 국가의 인구구조, 현재(2024)와 미래추계(2050)

출처: UN, World Population Prospects. 2022. https://population.un.org/wpp/Graphs/Demogr
aphicProfiles/Pyramid/900

　　한국의 출산율이 대체출산율을 하회하게 된 시점은 1980년대로 다
른 선진국보다 늦지만, 현재 출산율이 세계 최저치를 경신할 정도로 감
소 속도가 빠릅니다. 따라서 급격하게 출생아 수가 줄어들면서 [그림
3-5]가 보여주듯이 급격하게 마름모꼴의 인구구조로 변화하고 있습니다.

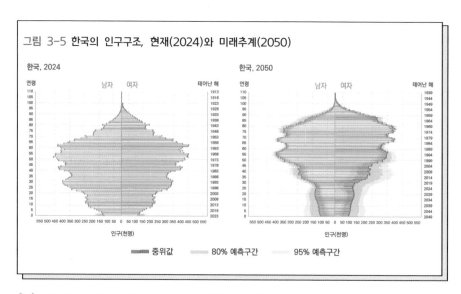

그림 3-5 한국의 인구구조, 현재(2024)와 미래추계(2050)

출처: UN, World Population Prospects. 2022. https://population.un.org/wpp/Graphs/Demogr
aphicProfiles/Pyramid/900

한국의 인구구조는 프랑스보다는 이탈리아에 더 가까워 보입니다. 두
나라 모두 급격한 출산율 저하를 경험하고 있기 때문입니다.

유럽의 일부 국가들은 출산율 반등을 일정 부분 이루었다고 합니다. 저출산을 극복하고 있는 나라는 어떤 나라인가요? 그 비결은 무엇인가요? 국가의 지원이 주효했나요?

김수민 국가의 합계출산율이 대체출산율 2.1 정도가 되면 그 시점의 인구 수준이 유지가 됩니다. 2.1을 하회하게 되면 생산연령인구를 포함한 전체 인구가 감소하게 되므로, 저출산을 겪고 있는 많은 나라들이 대체출산율까지 출산율을 회복하는 것을 목표로 합니다. 그러나 사실 OECD국가들 중에서 출산율이 2.1 미만으로 떨어졌다가 다시 회복한 나라는 하나도 없습니다. 현재 OECD 전체 평균 출산율도 1.59로, 대체출산율보다 훨씬 낮습니다.

따라서 엄밀하게 말하면 저출산을 극복한 나라는 아직 없는 것 같습니다. 그러나 그렇다 하더라도 합계출산율이 1.00 미만으로 떨어진 OECD국가는 대한민국이 유일하기 때문에, 1.50에서 2.00 사이의 출산율을 유지하고 있는 나라들의 저출산 관련 가족 정책을 살펴볼 필요가 있겠습니다.

프랑스와 스웨덴은 OECD국가 중에서 출산율이 높은 나라들로 꼽힙니다. 프랑스는 2023년에 1.68, 스웨덴은 2023년에 1.45의 합계출산율을 각각 기록했습니다. 프랑스의 경우 각종 현금수당과 세제지원을 두 축으로 하여 자녀 출산 및 양육을 적극 지원하고 있습니다. 자녀를 출산하게 되면 출산수당, 영유아보육수당, 가족수당 등 여러 가지 현금수당이 지급되고, 소득세도 자녀 수만큼 줄어들게 되어 그만큼 양육비에 사용할 수 있게 됩니다.

스웨덴의 경우 강력한 유급휴가 제도가 구축되어 있습니다. 한국의 출산휴가, 육아휴직, 육아기 근로시간 단축 제도가 스웨덴에서는 부모휴가라는 제도로 통합되어 있습니다. 자녀를 출산하면 만 8세가 될 때까지 최대 480일의 부모휴가를 유급으로 유연하게 사용할 수 있습니다.

프랑스는 육아휴직 기간은 길지 않은 반면 현금성 양육비 혜택을 많이 받을 수 있고, 스웨덴은 유급으로 육아휴직을 오래 사용할 수 있는 장점이 있습니다. 각 나라별로 양육가구 지원정책의 특성이 다르지만 공통점이 있다면 지원의 규모가 상당하며 수혜의 포괄성이 있다는 것입니다. 두 나라 모두 GDP의 3%에 육박하는 재정규모를 가족정책에 투자하고 있고, 자녀를 출산하고 양육하는 모든 국민이 성책의 혜택을 받을 수 있게 사각지대 없이 촘촘하게 가족정책을 설계했습니다.

한국의 경우 아직도 현금수당이나 육아휴직 지원금 등 가족지원 명목으로 쓰이는 재정규모가 GDP의 1.5%에 불과하고, 역사도 매우 짧습니다. 또한 출산휴가나 육아휴직 같은 경우는 사용률이 다른 나라에 비해 매우 저조하며, 기업의 규모와 업종에 따라서 편차가 매우 큰 편입니다. 따라서 출산양육 지원정책의 재원규모를 늘리고 사각지대를 줄이면서 포괄성을 높이는 것이 프랑스와 스웨덴에서 배울 수 있는 시사점이라 하겠습니다.

요새 한국에 유입되는 비숙련노동자들은 베트남, 태국, 필리핀, 인도네시아 등 대부분 주변 아시아 국가 출신들인데요. 이들 국가들도 저출산·고령화·인구감소를 경험하고 있나요? 이들은 인구 구조는 어떻게 변하고 있나요? 이들 국가들이 선진국으로 계속 이민을 보내는 것이 가능할까요?

김수민 통계청에 의하면 베트남, 태국, 우즈베키스탄, 필리핀이 한국에 외국인노동자를 제일 많이 보내는 국가입니다. 위 나라들도 출산율이 감소하는 추세이지만 [표 3-2]가 보여주듯이 정도의 차이가 큽니다. 우즈베키스탄과 필리핀의 경우에는 2022년에 3.3과 2.7의 높은 합계출산율을 기록했습니다. 두 나라의 2024년 인구구조는 피라미드 모양으로 유소년 인구가 상대적으로 많은 팽창형입니다([그림 3-6] 참조). 따라서 고령화 속도가 느리기 때문에 최소한 향후 10~20년 정도는 이민자를 보내는 데 문제가 없을 것으로 보입니다.

표 3-2 **주요 외국인노동자 송출국의 2022년 합계출산율**

	베트남	태국	우즈베키스탄	필리핀	인도네시아
합계출산율	1.9	1.3	3.3	2.7	2.2

출처: Fertility rate, total. The World Bank Data. https://data.worldbank.org/indicator/SP.DYN.TFRT.IN

그림 3-6 **우즈베키스탄, 필리핀, 인도네시아, 베트남, 태국의 인구구조, 2024**

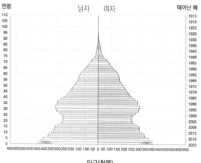

우즈베키스탄

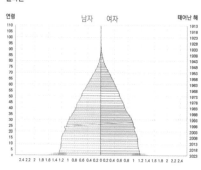

필리핀

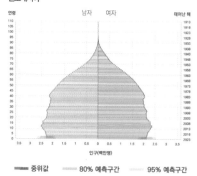

인도네시아

━━ 중위값   ━━ 80% 예측구간   ━━ 95% 예측구간

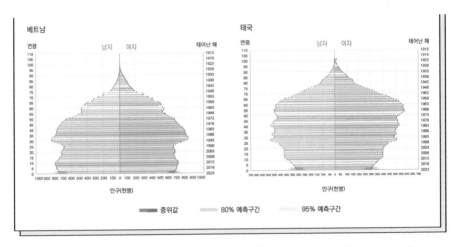

출처: UN, World Population Prospects. 2022. https://population.un.org/wpp/Graphs/Demogr aphicProfiles/Pyramid/900

인도네시아는 2010년까지 피라미드 구조였으나 2010년대 중반부터 출산율이 지속적으로 감소하여 2022년에는 합계출산율이 대체출산율 근처인 2.2까지 내려왔습니다. 현재는 중장년층과 유소년층이 두텁지만 더 이상 증가하지는 않는 항아리 모양을 보이고 있으며([그림 3-6] 참조) 앞으로는 출산율 저하로 인해 고령화가 시작될 것으로 보입니다. 고령화가 심해질수록 젊은 인구 유출에 대한 우려가 생길 것입니다.

베트남과 태국은 이미 저출산과 고령화가 상당히 진행되어 각국에서는 청년인구 유출에 대해 이미 우려하고 있는 것으로 보입니다. 이들의 2022년 출산율은 각각 1.9과 1.3으로서 대체출산율을 하회하고 있습니다. 베트남의 인구구조를 보면 1990년대 중후반에 이미 유소년층 인구가 확연히 줄어들었으며 2010년대 들어서 출산율이 다시 감소 추세를 보이고 있습니다. 이런 추세가 계속된다면 2050년에는 역삼각형 구조로 변화할 것입니다. 태국이 고령화 정도가 제일 심한데, 합계출산율

1.3으로 초저출산 범주에 해당합니다. 태국의 인구구조는 2010년에 이미 노년층 비중이 상대적으로 많은 역삼각형을 보여주고 있었습니다. 2024년 인구구조는 확연한 역삼각형이며([그림 3-6] 참조) 앞으로 인구유출에 대한 태국 국내여론의 우려가 심각할 것으로 보여집니다.

저출산 경향과 고령화 정도가 심할수록 청년인구 유출에 대해 우려하는 여론이 발생하고 이민 송출국에서 반이민 정책이 수립될 가능성이 높습니다. 그러나 감안해야 할 부분은 아직 한국의 외국인노동자 정책은 가족단위의 정주 이민정책이 아니라는 점입니다. 많은 외국인노동자들이 한국에 와서 번 임금을 본국에 있는 가족들의 생계를 위해 송금하고 있습니다. 대부분의 동남아시아 및 서남아시아에서 오는 저숙련 외국인노동자들은 남성이며, 한국인 여성과 결혼을 하여 정착하는 경우는 많지 않습니다. 따라서 한국과 본국의 경제적 기회나 임금의 격차로 인한 이주 유인이 계속 존재하고, 한국의 이민정책이 근본적으로 변화하지 않는 이상, 본국에서 고령화가 진행되어도 계속 외국인노동자가 유입될 가능성이 높습니다.

북한의 인구 구조는 어떻게 변화하고 있나요? 여기에도 저출산·고령화·
인구감소 문제가 있나요? 우리와 군사 대치를 하고 있는 국가라서 더 궁
금하네요.

이경희 인구와 국가발전은 동전의 양면과 같습니다. 국가발전은 인구
구조의 변화를 가져오며, 동시에 인구구조도 국가발전에 중대한 영향을
미치기 때문입니다. 따라서 국제사회와 정부는 인구정책을 통해 인류가
차별없이 잠재성을 발휘하여 지속가능한 발전을 이룰 수 있도록 다양
한 노력을 경주해오고 있습니다. 이러한 측면에서 북한의 인구구조도
한반도의 지속가능한 발전과 평화의 관점에서 매우 중요하다고 볼 수
있습니다. 북한의 인구구조는 북한의 체제전환이나 남한과의 통합과정
에 중대한 영향을 미치는 변수이기 때문입니다.

한국과 북한은 공통적으로 저출산·고령화 상황에 있으며 시간이
지날수록 이러한 상황은 더욱 심화될 것으로 예측됩니다. 2070년에 이
르면 한반도 전체 인구는 23.6%(2021년 기준) 감소하고 특히 전 지구적
수준에서도 높은 고령화와 낮은 출산율을 보여 심각한 노동력 부족 문
제에 직면할 것으로 전망됩니다.

인구구조에 있어 북한은 저소득국가로 분류되지만 일반적인 저소
득국가와 다른 특성을 나타내고 있습니다. 저소득국가는 출생률이 높고

사망자가 많아 유소년층은 두텁고 고령인구는 가파르게 감소하는 피라미드의 유형을 나타내는 경우가 많습니다. 반면 북한은 20대와 50대 연령층 비중이 크며 한국전쟁의 영향으로 65세 이상의 성비*가 53.5명(세계 평균 81.5명, 저소득국가 평균 76.1명)으로 성비 불균형이 심각함을 알 수 있습니다. 또한 남한처럼 북한도 남성인구보다 여성인구가 많은 여초사회가 유지될 것으로 전망됩니다. 10년 전 북한의 성비는 95 수준으로 이후 소폭 개선되어 2024년 96.1을 기록했습니다. 하지만 2043년까지 이 수준을 유지하다가 2044년 이후 다시 95 수준으로 하락하여 2070년까지 95에서 96 이내 구간을 횡보할 것으로 예측됩니다.

북한의 인구증감 추세를 보면 2021년 기준 약 2,597만 명으로 상승 추세에 있지만 2034년을 정점으로 2070년까지 인구가 감소하여 2021년 대비 91.5% 수준이 될 것으로 예측됩니다. 2021년 기준 북한의 인구는 2,597만 명으로 남한의 절반 정도의 수준입니다. 향후 북한의 인구는 2034년 정점을 찍어 약 2,661만 명을 기록할 것으로 예측되며 이후 연평균 0.2%씩 삼소하여 2050년 2,581만 명이 될 것으로 전망됩니다. 2050년 이후에는 인구 감소율이 더 커져 2070년까지 연평균 0.5%씩 줄어들어 2,375만 수준까지 감소할 것으로 전망됩니다. 보다 극단적인 전망도 있습니다. 미국 워싱턴 대학교 보건계량분석연구소(Institute for Health Metrics and Evaluation, IHME)에 의하면 2100년 1,298만 명 수준으로 감소하여 현재의 절반이 된다는 연구도 있습니다.

---

* 여자 100명당 남자 수.

보다 구체적으로 북한의 저출산·고령화 상황에 대해서 알려주세요.

이경희 북한의 급격한 인구감소의 주요 원인은 저출산입니다. UN ESCAP이 발표한 2023 아시아태평양 인구 현황 보고서에 따르면 북한의 합계출산율은 1.8명으로 59개국 중에서 17번째로 출산율이 낮습니다. 저출산의 원인을 단정하기는 어렵지만 계속되는 경제난으로 인한 여성의 경제활동 증가, 실효성 없는 무상보육제도, 젊은 세대들의 인식 변화 등에 기인하는 것으로 추정됩니다.

북한의 출산 관련 정책 기조를 살펴보면 해방 이후에는 전쟁 복구를 위해 출산을 장려하여 출산율이 상승하였고, 1970년대부터는 출산 억제 정책을 시행하여 출산율이 급격히 하락하게 되었습니다. 이후 노동과 군사에 동원할 인력 부족을 우려하여 1990년대에는 다시 출산 장려 정책으로 전환하였지만 고난의 행군*으로 대기근을 겪으며 출산율은 증가하지 못하였고 감소 추세는 지금까지 이어지고 있습니다. 1996

---

* 1996년부터 1999년 사이에 북한에서 발생한 최악의 식량난을 의미한다. 1990년대 초 소비에트 연방을 비롯한 동구권이 붕괴하며 북한의 고립이 심화되었고 중국의 지원에 의존해야 하는 상황이었지만 북한이 경제교류 방식의 변화를 요구하면서 경제 상황은 더욱 악화되었다. 설상가상으로 1993년에는 흉작, 1995년에는 전례 없는 대홍수로 배급제가 붕괴되며 아사자가 속출하기 시작했다. 이러한 상황에서 북한은 신년공동사설에서 '고난의 행군' 정신으로 어려움을 헤쳐나가자고 호소하여 이 대기근의 시기를 고난의 행군으로 부르게 되었다.

년 대기근으로 인한 국가 배급체계의 붕괴로 북한의 여성은 가사와 생계까지 책임져야 하는 생계부양자로서 부담이 가중되었습니다. 최근의 대북제재 등 국제사회와의 관계 경색으로 대북지원이 급감하며 결혼과 출산에 대한 북한 여성들의 기피현상은 여전히 팽배한 실정입니다. 또한 북한 내 피임약보급률이 70% 정도로 상당히 높다는 점도 임신 시기를 조절하는 데 영향을 미치는 요인이 될 수 있습니다. 이러한 복합적인 영향으로 북한은 저소득국가임에도 30대 이상 산모의 비율이 높은 편이며 30대 이상 산모의 수도 급격히 증가하고 있는 추세입니다.

이처럼 1970년 이후 50년 동안 출생률은 급격히 감소한 반면 사망률은 낮은 수준을 유지하여 고령화가 빠르게 진행되고 있어 2034년을 기점으로 인구도 감소할 것으로 전망됩니다. 사망률의 경우 1999년대 초반에는 약 5.8명이었으나 1990년대 중반 대기근으로 9.4명까지 증가하였고 현재까지 비슷한 수준이 유지되고 있습니다. 출생률과 사망률은 인구 고령화와 직접적으로 연동됩니다. 1975년부터 고령화율이 증가하기 시작하여 1990년대부터 급격한 증가 추세를 보이며 2005년에는 고령화사회*에 들어섰습니다. 향후 2034년이 되면 고령사회**에 진입할 것으로 전망되는데 이는 북한과 같은 저소득국가에서는 이례적으로 빠른 현상입니다.

---

* 65세 이상 인구비율이 7% 이상.
** 65세 이상 인구비율이 14% 이상.

북한은 저출산·고령화 문제에 어떻게 대응하고 있나요? 실제로 국가 정책이 효과를 보고 있나요?

이경희 북한이 심각한 저출산·고령화에 직면해 있음은 당국의 정책적 대응을 통해서도 추정할 수 있습니다. 2012년 김정은 정권 집권 이후 북한은 저출산 문제의 심각성을 중대하게 인식하여 다양한 출산 장려 정책을 수립해 오고 있습니다. 특히 2023년 12월 김정은 국무위원장은 '전국어머니대회'에서 이례적으로 출생률 감소 문제를 지적하며 출산이 애국임을 강조하였다는 점에서 북한에서도 저출산·고령화 문제를 매우 심각하게 인식하고 있음을 알 수 있습니다.

북한이 시행하고 있다고 주장하는 출산 장려 정책들을 소개하면 다음과 같습니다. 북한의 여성들은 임신초기부터 무상치료의 혜택이 주어집니다. 또한 2015년 6월 30일 사회주의노동법과 여성권리보장법을 수정하여 산전산후휴가(한국의 출산전후휴가)를 150일에서 240일로 연장하여 출산 전후로 건강을 회복할 수 있도록 제도적으로 보장하고 있습니다. 출산 전 60일과 출산 후 180일을 합하여 모두 240일간의 휴가가 주어지며 근무 기간에 관계없이 기존에 받던 기본생활비의 100%에 해당하는 출산전후휴가 보조금을 받습니다. 또한 출산전후휴가가 끝나면 직장에 아무런 조건없이 복귀가 가능합니다.

다자녀 장려 정책과 관련하여 다산모 치료권 발급, 다자녀 세대 주택 우선 배정 및 특별 보조금 제공 등이 있습니다. 북한에서 다자녀 세대는 입양을 포함하여 양육하고 있는 자녀가 3명 이상인 경우를 의미합니다. 다자녀 세대의 모친에게는 다산모 치료권이 발급되어 병원에서 우선적으로 치료를 받거나 치료 여건을 최대로 보장해주는 등 혜택이 주어집니다. 또한 '살림집법'을 개정하여 다자녀 세대에 살림집을 우선적으로 배정함을 명시하였습니다.

다자녀 장려 정책과 별개로 세쌍둥이 이상의 다둥이를 위한 특별한 정책도 있습니다. 이는 생전 김일성이 발언한 "세쌍둥이는 국가를 흥하게 하고 행운을 가져오는 상징"이라는 유훈에 기인하는 것으로 추측됩니다.[*] 세쌍둥이 이상의 다둥이를 가진 임산부로 확진이 되면 평양산원[**]에서 입원치료를 받을 수 있습니다. 출산 후 산모가 건강을 회복하여 퇴원을 하더라도 다둥이 자녀들은 몸무게가 4kg 이상이 될 때까지 평양산원에서 관리를 받다가 해당 지역의 육아원으로 보내져서 양육됩니다. 이 아이들이 만 4살이 되면 부모의 집으로 돌아가는데 이때 원래 살던 집보다 더 좋은 집과 가구 및 생활필수품들이 제공됩니다. 또한 아이들이 학교에 들어가기 전까지 어머니와 아이들에게 무료로 의료 서비스를 제공하며 중학교를 졸업할 때까지 매달 특별보조금이 지급됩니다.

---

[*] 북한은 1994년부터 세쌍둥이의 탄생을 체제선전에 활용하기 시작했으며 이는 김일성이 생전 "우리나라에서 세쌍둥이가 많이 태어나는 것은 나라가 흥할 징조"라고 기뻐했다는 것에서 유래한다. 북한 매체는 2023년 12월 542번째로 태어난 세쌍둥이 퇴원 소식을 알리며 나라가 흥할 징조라고 보도하기도 하였다. 또한 김정은은 2019년 현지지도를 하며 세쌍둥이 가정을 방문하기도 하였다.

[**] 북한에서 '친정집'으로 불리는 평양산원은 모든 임산부가 무상으로 출산하고 산부인과치료를 전문적으로 받을 수 있는 종합병원이다. 평양산원은 세쌍둥이 출산을 전문적으로 관리하는 '애기과'도 운영하는 것으로 알려져 있다.

북한이 발표한 출산 장려 정책들은 한국을 비롯한 선진국의 정책들과 비슷한 지점에 있습니다. 하지만 현재 심각한 경제난을 겪고 있는 북한의 사정을 고려했을 때 극소수 지배층을 제외한 일반 주민들도 이러한 정책적 혜택을 받고 있을지는 의문입니다. 북한의 여성 및 어린이들의 건강 상태에 대한 국제사회의 발표를 봐도 열악한 양육환경과 의료·보건의 취약성을 확인할 수 있기 때문입니다. 특히 북한에서는 장마당(시장)을 통해 생계를 유지하는 사람들이 증가하고 있어 육아 휴직 지원 같은 대책은 효과가 크지 않을 수 있다는 의견도 있습니다. 북한은 한국을 비롯한 주요 선진국의 저출산 문제를 비판하며 자국의 우수한 출산 장려 정책과 제도를 내세우고 있습니다. 하지만 북한의 주장과 다르게 북한은 심각한 저출산 및 고령화 문제에 직면해 있다는 점에서 정책의 실효성에 대해서는 의문이 제기되고 있습니다.

4

저출산·고령화·인구감소가 초래하는 변화와 문제

●●●

저출산·고령화·인구감소가 수십 년에 걸쳐서 서서히 발생한다면 크게 걱정을 안 해도 되겠지만, 한국에서는 이러한 현상이 급격하게 일어나 문제시되고 있습니다. 저출산·고령화가 진행되면 일인당 GDP가 낮아질 가능성이 높습니다. 이를 막으려면 생산성이 높아져야 하는데, 그러려면 자본이 풍부해지고 기술개발이 부단히 이뤄지고 교육 수준이 높아져야 합니다. 저출산·고령화는 지방 소멸, 간병 수요 증가 등 사회문제도 발생시킵니다. 지방소멸에 대비하고자 하는 정책이 시행 중입니다만 이러한 정책이 진정한 효과를 거두고 있는지는 확실하지 않습니다. 저출산·고령화는 국방력 유지에도 어려움을 발생시켜 군사력과 외교력 약화를 초래할 수도 있습니다. 이를 피하기 위한 대안을 철저히 가지고 있어야 합니다.

현재 인구가 작은 나라들은 (뉴질랜드, 스웨덴 등) 집값도 싸고 환경도 좋아 보여 살기 좋은 장소로 여겨지는데요. 왜 저출산·고령화·인구감소가 문제시되어야 하나요? 주요 경제변수인 일인당 소득에 어떤 영향을 미칠까요?

최 인 우선 저출산·고령화가 경제적으로 문제만은 아니라고 답하고 싶습니다. 저출산은 부부 특히 여성들에게 더 행복해질 수 있는 선택이 가능해졌다는 면에서 이들의 삶의 만족도(이를 경제학에서는 효용이라 부릅니다)를 높일 수 있습니다. 불과 몇십 년 전만 해도 여성들은 출산과 양육만을 담당하며 본인의 선택과는 무관하게 고된 인생을 살아야만 했습니다. 이제 여성들이 출산과 양육을 선택적으로 할 수 있고 본인이 원하면 출산과 양육이 아닌 다른 사회 활동을 통해 살아가면서 본인의 효용을 높일 수 있으니 더 많은 여성이 행복해질 수 있습니다. 사회 전체 효용을 개개인 효용의 합으로 본다면 사회 전체가 행복해지는 것이지요. 발전된 경제를 지향하는 궁극적 이유는 사회 전체 효용을 극대화하자는 것이니 저출산이 나쁜 것만은 아닙니다.

고령화란 전체 인구 중에 나이 많은 사람의 비중이 높아진다는 것인데, 인간 수명이 길어져서 생긴 현상입니다. 풍부한 식량, 의료 기술의 발전 등이 수명 연장에 큰 몫을 했습니다. 사람이 죽으면 종교적으로는 다른 해석도 가능하겠지만 경제학에서는 그 사람의 효용은 영이

됩니다. 즉, 죽으면 불만족도 없지만 만족도 없다는 것입니다. 대부분 사람은 오래 살고 싶어 합니다. 각종 건강식품, 어느 채널을 택해도 보이는 무병장수를 위한 TV 프로그램이 이를 증명합니다. 사는 것이 효용을 증가시키기 때문에 오래 살고 싶어 하는 것이겠지요. 따라서 요즘 사람들이 오래 산다는 것은 이전에 비해 평생 누리는 효용이 증가했다는 것을 의미합니다. 경제학적으로 바람직한 현상입니다. 장수와 더불어 건강이 있다면 금상첨화가 되겠지요.

그런데 왜 요즘 저출산·고령화 그리고 이에 따른 인구감소가 문제시되고 있을까요? 저출산·고령화·인구감소가 수십 년에 걸쳐서 서서히 발생한다면 크게 걱정을 안 해도 되겠지만, 한국에서는 이러한 현상이 급격히 발생해서 경제적으로 문제시되고 있습니다. 저출산에 관해 이야기할 때 가장 많이 쓰는 지표가 합계출산율인데요. 이는 15~49세인 가임 여성 한 명이 평생 낳을 것으로 예상되는 평균 출생아 수를 나타내는 지표입니다. 유로를 통화로 사용하는 유로 지역, 스웨덴, 한국의 합계출산율을 보면 1960년에는 한국의 출산율이 5.95로 유로 지역 2.61, 스웨덴 2.17보다 월등히 높았습니다. 한국에서 1960년대에 "딸·아들 구별 말고 둘만 낳아 잘 기르자"라는 정부 캠페인이 등장하는 배경이지요. 스웨덴에 특히 주목하는 이유는 이 나라의 출산율에 지난 몇십 년간 큰 변화가 없기 때문입니다. 1987년에 이르러서는 한국의 출산율이 유로 지역과 스웨덴보다 낮아지고 2021년에는 0.81을 기록해서 스웨덴의 반 정도로 줄어듭니다. [그림 4-1]을 보면 1960~2021 기간 중 유로 지역, 스웨덴, 한국의 출산율 추이를 더 자세하게 볼 수 있습니다. 출산율이 2.1 정도 되어야 현재 인구가 유지되는데 0.81은 이보다 매우 낮은 수치이지요.

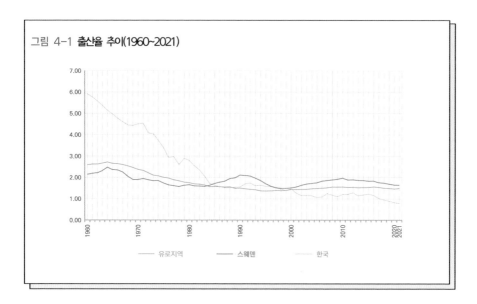

그림 4-1 **출산율 추이(1960~2021)**

유로지역 ─── 스웨덴 ─── 한국

65세 이상 인구 비중도 2001년에는 한국이 7.5%로 유로 지역 16.6%, 스웨덴 17.2%에 비해 훨씬 낮았지요. 그런데 2032년에는 한국의 65세 이상 인구 비중이 26.6%가 되어 유로 지역, 스웨덴보다 더 높아질 것으로 예상됩니다. 한국의 고령화도 급속하게 진행되고 있음을 보여 줍니다. [그림 4-2]에 2001~2050 기간의 (예상) 고령화 비율이 자세하게 그려져 있습니다. 2050년에는 한국의 65세 이상 인구 비중이 세계에서 홍콩 다음으로 두 번째로 높을 것으로 예상됩니다.

저출산과 고령화가 일인당 소득(GDP)에 미치는 영향에 대해서는 의견이 엇갈립니다.* 저출산·고령화가 진행되면서 인구감소도 일어나

---

* 경제학을 배운 적이 있는 독자라면 여기에 있는 모든 논의를 다음의 간단한 식을 통해 쉽게 이해할 수 있다. N을 국민 수, N_W를 일하는 사람 수라고 하면

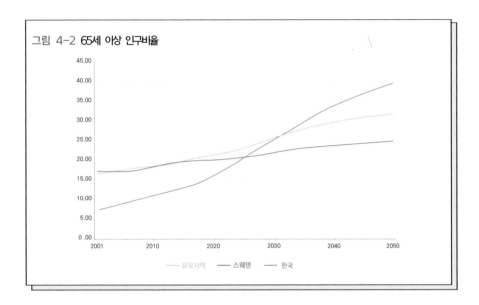

그림 4-2 65세 이상 인구비율

유로지역 ─── 스웨덴 ─── 한국

기도 하지만, 인구가 감소하는 속도보다 일할 수 있는 젊은 사람 수가 주는 속도가 빠르면 결국 일인당 소득이 줄 것이라고 예상하는 것이 합리적이지요. 달리 이야기하면, 전체 인구에서 일하는 사람 비중(이를 고용률이라 부릅니다)이 줄면 일인당 소득은 줄 수밖에 없지 않겠어요. 그런데 최근 고령층들의 건강이 좋고, 장수하면서 65세 이후에도 일하는 사람들이 많습니다. 특히 한국과 일본에 이런 현상이 두드러집니다. 여성들도 더 많이 노동 시장에 참가하고 있고요. 일본의 경우를 보면 2010~2021 기간 중 인구가 감소했지만, 고용률은 8%가량 증가했습니다. 따라서 저출산·고령화가 고용률을 낮춘다고 일률적으로 이야기할

$\frac{GDP}{N} = \frac{GDP}{N_W} \times \frac{N_W}{N}$ 로 쓸 수 있다. 즉, 1인당 GDP는 노동자 1인당 생산액 (생산성) 곱하기 취업률이다. 인구고령화는 생산성과 취업률에 영향을 미치고 따라서 일인당 GDP에 영향을 준다.

수는 없습니다. 그렇지만 저출산·고령화가 더 진전되고 여성의 노동참여율이 절정에 도달하면 고용률도 정체될 것이라고 예상됩니다. 그러면 고용률이 일인당 소득에 미치는 영향도 미미해지겠지요.

또 다른 중요한 고려 사항은 생산성입니다. 생산성은 소득 나누기 일하는 사람 수입니다. 노동자 한 명이 더 많이 생산할수록 생산성은 올라갑니다. 그런데 일하는 사람들이 고령화되면서 육체적 활동 능력과 인지 능력도 떨어져서 이들의 생산성이 감소할 것이라고 예상되기도 합니다. 실제 40~49세 사이의 노동자가 많을수록 생산성이 올라간다는 연구 결과도 있습니다. 노동자 고령화가 일인당 소득이 떨어지는 또 다른 요인으로 작용한다는 것이지요. 실제로 몇몇 경제학자들은 미국 데이터의 실증분석을 통해 저출산·고령화가 진행되면서 생산성이 감소하고 경제성장률도 감소한다는 것을 보여 주고 있습니다.

노동자 수가 감소하면 노동자 일인당 사용할 수 있는 생산장비가 증가합니다(이런 현상을 경제학에서는 자본 심화라고 부릅니다). 따라서 한 노동자가 더 많은 생산을 할 수 있게 됩니다. 또한 요즘 신기술이 급속히 개발되고 있습니다. 로봇을 통한 자동화, AI를 통한 업무 능력 향상이 이루어지면 일인당 생산성이 급격히 높아져서 적은 수의 노동자가 일하더라도 일인당 소득은 오히려 늘 수도 있다고 주장하는 학자들도 있습니다. 나름대로 일리가 있습니다. 열 명이 하던 일을 다섯 명이 할 수 있다면 저출산·고령화가 일어나더라도 일인당 소득은 오히려 늘 수도 있지요.

결국 이러한 상반되는 주장 중에 어느 것이 맞을지는 노동자 생산성에 달려 있습니다. 주요국의 노동생산성(GDP 나누기 노동자 수)을 보면 [표 4-1]에서와 같이 수십 년간 하락 현상을 보이고 있습니다. 한국도

표 4-1 주요국 평균 노동생산성 증가율(%)

노동생산성 증가율	프랑스	독일	이탈리아	일본	한국	영국	미국
1972~1981	2.65	2.03	3.02	3.66	5.30	1.83	0.88
1982~1991	2.01	1.75	1.71	3.36	7.32	2.12	1.46
1992~2001	1.27	1.04	1.56	1.06	5.00	2.40	2.09
2002~2011	0.87	0.59	-0.37	0.56	3.25	0.76	1.61
2012~2022	0.06	0.33	0.27	0.03	1.45	0.75	1.23

마찬가지입니다. 따라서 자본 심화와 신기술 개발에 따른 큰 반전이 앞으로 일어나지 않는다면 저출산·고령화가 일인당 소득의 감소로 이어질 개연성이 높아 보입니다. 그런데도 생산성 향상이 이루어진다면 이러한 속도를 늦출 수 있으니 생산성 향상을 위한 노력은 계속되어야 합니다.

생산성 향상은 노동자가 더 땀 흘려서 열심히 일한다고 이루어지는 것은 아닙니다. 개인의 노력에는 한계가 있을 수밖에 없습니다. 자본 심화가 이루어지고 신기술이 개발되어서 한 명의 노동자가 그 이전보다 더 효율적으로 일할 수 있고 노동자 하나하나가 좋은 교육을 통해 업무 능력이 향상될 때, 생산성 향상이 이루어질 수 있습니다. 자본, 기술개발, 교육이 중요한 변수라는 것이지요. 신기술이 보급되려면 자금이 풍부해야 합니다. 예를 들어, 공장에 로봇을 도입해 쓰려면 자금이 필요하지 않겠습니까. 정부가 되도록 낮은 정책 이자율을 유지해 신기술 보급에 이바지하는 것이 저출산·고령화 문제를 해결하는 데 필요합니다. 또한 민간 자본이 신기술을 개발하는 기업으로 잘 흘러갈 수 있도록 금융제도를 정비하고, 정책적으로 민간이 하기 힘든 기초 기술과 교육에도 과감한 정부 투자가 이루어져야 합니다.

현재 청년들이 일자리가 없다고 아우성칩니다. 저출산·고령화가 되면 은퇴자가 많아져서 오히려 청년 일자리가 많아져야 하는 것 아닌가요? 시간이 지나면 청년 일자리 문제가 완화될까요?

최 인 외국인 노동자가 증가하는 것을 보면 일자리가 없다기보다는 청년들이 원하는 양질의 일자리가 없다는 것이지요. 이러한 현상은 고령 노동자들이 은퇴함에 따라 몇 년 내에 해결되고 결국에는 청년 노동자 부족 시대가 오리라는 것이 전문가들의 전망입니다. 실제 저출산·고령화·인구감소를 우리보다 먼저 겪고 있는 일본의 경우, 15~29세 청년 실업률이 우리보다 낮습니다. 한국도 청년 실업률이 최근 몇 년간 줄이드는 추세를 보여 일본과 유사한 양상을 보일 것 같습니다.

요즘 COVID-19가 진정된 이후 전 세계에 인플레가 만연하고 있는데요, 한때는 저출산·고령화·인구감소가 디플레를 일으킬 것이라고 주장하는 사람들이 있었는데 어떻게 된 것인가요? 저출산·고령화·인구감소가 인플레를 일으킬까요? 아니면 디플레를 가져올까요?

최 인 COVID-19 기간에 대부분 국가에서 대규모 재정 지출이 이뤄지고 정책 이자율도 낮게 유지되었습니다. 그리고 공급망(supply chain)에도 문제가 생겨 물품이 원활하게 적재적소에 전달되지 못했습니다. 2022~2023 기간 중 인플레는 이러한 이유로 발생했는데 2024년에는 각국의 통화 긴축 정책으로 COVID-19로 인한 인플레가 진정되고 있습니다.

저출산·고령화·인구감소가 디플레 혹은 인플레를 가져올까 하는 문제는 저출산·고령화·인구감소로 인해 상대적으로 개인의 소비와 기업의 투자가 늘까 아니면 저축이 늘까 하는 문제와 같습니다. 만일 소비·투자가 늘면 인플레, 저축이 늘면 디플레가 되겠지요. 젊은 노동자들이 자녀가 없거나 수가 적은 경우 양육비 지출을 줄이고 대신 저축을 늘릴 수 있습니다. 또한 길어진 수명에 대비하기 위해서 저축을 늘릴 수도 있습니다. 고령자들은 오래 살면서 저축을 다 탕진하고 더 이상 소비를 늘리지 않을 가능성도 있습니다. 기업들은 장래에 경제가 성장하지 않을 것이라 기대하고 투자를 늘리지 않습니다. 이 경우에 디플레가 발생합니다. 소비와 투자의 감소는 자금 수요도 감소시켜 이자율도 낮아집니다. 경제가 디플레, 낮은 이자율을 수반하는 장기침체에 빠진 다는 주장이지요.

반면에 젊은 노동자들이 저축하는 정도보다 은퇴자들이 소비하는 정도가 크다면 소비가 증가합니다. 이 경우 은퇴자들이 충분한 저축을 갖고 있다는 전제가 필요하지요. 또한 노동자 부족으로 임금이 오르면 인플레 요인이 됩니다. 고령 노동자의 증가로 인한 생산성 하락은 공급 을 줄이는 효과를 가져와 인플레를 유발합니다.

따라서 어떤 견해가 맞을지 이론적으로 분명하지 않습니다.[*] 나라 마다 사정도 다르고요. 데이터를 사용한 실증분석도 다양한 결론을 내 리고 있어 한마디로 답하기가 어렵습니다. 저출산·고령화·인구감소를 일찌감치 경험하고 있는 일본의 경우 요즘 달라지는 경향을 보이고는 있으나 디플레와 경제침체를 오랜 기간 겪고 있습니다.

한국이 일본과 같은 경로를 경험할지 분명하지 않습니다. 한국은 고령층의 저축이 많지 않아서 앞으로 고령층의 소비가 늘 것이라고 보 기 힘듭니다. 그러나 설령 국내 소비가 고령화로 인해 줄더라도 수출과 투자가 증가하면 줄어든 소비를 상쇄할 수 있습니다. 만약 일하는 연령 대에 있는 노동자의 생산성이 올라 임금이 오르고 소비가 증가하면 이 또한 고령층 소비 감소를 상쇄할 수 있습니다. 이 경우 디플레가 오지 않을 수 있습니다. 그러나 고령층 소비가 줄고, 젊은 노동자들의 소득

---

[*] 디플레가 올 것이라 주장하는 대표적인 학자는 미국의 저명 경제학자 로렌스 섬 머스(Lawrence Summers)이다. 반면에 영국의 저명 경제학자 찰스 굿하트 (Charles Goodhart)는 인플레가 올 것이라 예측하고 있다.

과 소비가 정체되면 디플레가 오겠지요. 어떤 시나리오가 맞을지는 앞
으로 어떤 일이 전개되는가에 달려 있습니다.

저출산·고령화·인구감소가 진전되면 경제적 측면 외에도 지방소멸, 간병수요 증가 등 다른 사회적 문제도 발생하지 않을까요? 이에 대한 대책으로는 무엇이 있나요?

최 인 지방소멸은 지역의 인구가 감소해서 지역 공동체의 존립 자체가 위협을 받는 상황을 지칭합니다. 이런 상황에서는 소방, 치안 등의 공공서비스도 유지하기 힘들고, 학교, 병원, 상점 등 편의시설도 사라져 기본적인 생활을 하기가 쉽지 않게 됩니다. 종종 신문 방송에 보도되는 문 닫는 학교, 병원에 가기 위해 몇십 분을 운전했다는 이야기가 지방소멸에 수반되는 현상이지요.

지방 인구감소는 저출산 혹은 다른 지역으로의 전출 때문에 발생합니다. 한 지역의 인구가 감소하면 그 지역의 공공서비스, 문화생활의 수준이 낮아지고 교육과 질병 치료도 힘들어집니다. 그러면 그 지역에 살던 사람들이 인구 밀집 지역으로 이동하고 따라서 그 지역은 더 인구가 감소하는 악순환을 겪게 되겠지요. 지역 경제도 피폐화되고 지방 재정 사정도 악화할 것입니다. 또한 유입되는 인구로 인해 인구 밀집 지역의 집값이 오르고 지역 출산율도 낮아집니다. 실제로 한국의 경우 인구밀집도가 높은 지역일수록 지역 출산율이 낮습니다. 결국 지방 인구감소는 국가 전체 인구를 감소시키는 역할을 합니다. 따라서 지방소멸

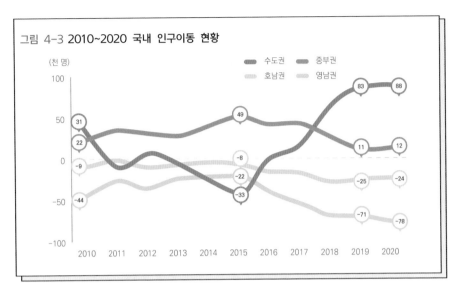

그림 4-3 2010~2020 국내 인구이동 현황

(천 명)

범례: 수도권 / 중부권 / 호남권 / 영남권

출처: 통계청.

은 그 지역만의 문제가 아니라 국가 전체의 문제로 인식되어야 합니다.

　안타깝게도 현재 지방소멸과 수도권 인구 집중은 한국에서 진행 중입니다. [그림 4-3]에 보이는 것처럼 2010~2020 기간 중 영남권과 호남권은 지속적으로 순 인구 유출을 경험하고 있고, 수도권과 중부권 으로는 인구가 유입되는 현상이 나타나고 있습니다. 특히 수도권 집중 현상이 두드러집니다. 지방소멸의 실태를 더욱 세밀하게 보면, 2020년 기준 지방소멸 위기 지역은 한국 전체 면적의 60%인데 이곳에 전체 인 구 중 9.62%만이 거주하고 있습니다. 지방소멸 위기 지역은 매년 인구 가 감소 중인데 가장 큰 원인은 인구 순유출입니다. 고령화율도 다른 지역에 비해 높습니다.

　지방소멸에 대응하는 한국의 정책은 「국가균형발전 특별법」에 기초하고 있습니다. 이 법에서는 행정안전부 장관이 인구감소지역을 선정하고 인구감소지역에 대해서는 국가와 지방자치단체가 생활 서비스의 적정 공급, 교통·물류망 및 통신망 확충, 일자리 창출, 청년인구 유출 방지 및 유입 촉진, 교육·문화·관광시설 확충, 주택건설 및 개량 등의 시책을 추진해야 한다고 정하고 있습니다. 행정안전부는 인구감소의 위기에 대응하고자 2017년부터 '인구감소지역 통합지원사업'을 실시해오고 있는데 청년 창업 및 일자리 공간조성, 보육·문화·복지 등 정주 여건 개선, 도시민의 귀촌 사업, ICT 기반 스마트타운 조성 등의 사업에 많은 투자를 하고 있습니다. 그러나 이러한 정책이 진정한 효과를 거두고 있는지는 확실하지 않습니다. 인구감소지역에서 인구감소가 멈춘 사례는 아직 거의 없기 때문이지요. 차라리 지역별 메가시티를 만들어서 이 지역에 사람들이 거주하고 농어촌 지역에 출퇴근하게 하자는 의견도 있습니다. 메가시티 내에 현대적 편의시설, 주택, 각종 공공시설을 마련해서 거주는 메가시티에서, 생업은 인근 농어촌에서 하자는 생각이지요. 수긍할 만한 점이 있습니다.

지적하신 대로 인구 고령화에 따라 노인 수가 증가하고 이에 따라 간병수요도 증가하고 있습니다. 2050년 전체 인구의 약 15%가 돌봄이 필요할 것이라는 전망도 있습니다. 큰 문제 중 하나는 간병인 부족입니다. 간병인 부족은 간병 비용의 증가로 이어져 가계에 큰 부담을 줍니다. 간병인 부족을 외국인 간병인 고용으로 해결하자는 이들도 있으나 현재의 최저임금 수준에서는 이들에게 내야 하는 비용이 만만치 않습니다. 홍콩이나 싱가포르처럼 싼 임금에 노동계약을 하고 간병인을 유입시키자는 의견도 있으나 이에 대해서는 노동계의 반대가 심하고 외국인 근로자를 차별하면 안 된다는 「외국인근로자의 고용 등에 관한 법률」에도 어긋납니다. 간병인 부족에 대처하려면 간병을 자동화시켜 간병인의 생산성을 늘리는 것 외에는 방법이 없어 보입니다. 관련 기술개발에 정부나 기업이 총력을 기울여야 할 것으로 보입니다.

한국은 주변에 경제력, 군사력 인구 측면에서 큰 나라들만 있는 지정학적 여건을 갖고 있는데요 저출산·고령화·인구감소가 지속될 때 어떤 국방·안보상 문제가 있을까요?

최 인 가장 큰 문제는 병력을 유지하는 것입니다. 병무청 통계에 의하면 2012년 현역병 입영자 수는 14만 정도인데 2021년에는 9만 8천여 명으로 감소했습니다. 저출산의 당연한 귀결이지요. 국방백서에 의하면 2022년 기준 북한, 중국, 러시아의 병력은 각각 128만, 203만, 90만입니다. 한국 병력 50만은 이에 비해 초라해 보입니다. 이 숫자도 감소하는 인구 탓에 유지하기가 쉬워 보이지 않습니다. 북한이 도발을 일삼는 상황에서(2022년 탄도미사일 발사 34회, 2017년 6차 핵실험 실시, 2010년 천안함 공격, 연평도 포격 등) 이 정도의 병력보다 적은 군대를 유지하면 국민이 불안해질 수밖에 없겠지요.

적어진 병력을 보전키 위해 의무병의 복무기간을 늘리면 청년들이 20대라는 귀중한 기간에 일하고 자기 계발할 시간을 빼앗기니 결국 노동자의 생산성 감소가 초래되고 경제는 악영향을 받을 수밖에 없습니다. 모병제를 확대해 군 병력을 유지하는 것은 예산도 많이 들고, 대만의 경험에 의하면 지원자를 확보하기가 쉽지 않다고 합니다. 또한 유사시에는 군사훈련 경험이 있는 예비 병력이 많은 게 유리하니 모병제는 전투력에도 도움을 주지 못할 수 있습니다. 선거 때마다 등장하는 모병제 주장이 설득력을 얻지 못하는 이유로 보입니다. 일부 정치인은 젊은 여성도 이스라엘과 노르웨이같이 군 복무를 시켜야 한다고 주장하는데 여론은 이에 대해 우호적이지 않습니다. 따라서 병력 부족 문제를 해소할 묘책은 당분간 없어 보입니다.

저출산·고령화, 즉 인구문제와 국제정치는 어떠한 관계를 갖고 있나요?
인류 평화가 증진될까요? 아니면 더 많은 분쟁이 생기나요?

조윤영 21세기에는 지구 온난화를 비롯한 환경변화나 지구적 질병 문제가 전쟁보다 더욱 큰 재앙을 초래할 가능성이 높아 이러한 문제가 국제정치 연구의 새로운 관심사로 떠오르고 있습니다. 따라서 이러한 난제를 해결하기 위해 국가뿐만 아니라 개인, 민간단체, 다국적 기업, 국제기구 등이 중요한 국제정치 행위자로 등장하여 주요 분석의 주체가 되고 있습니다. 또한 국제정치가 단순히 국가 간의 전쟁 등 갈등의 문제를 해결하기 위한 수단이 아니라 보다 복잡하고 심각한 위협적 문제들을 해결하고자 하는 수단이 되었습니다.

특히 21세기에 급속히 진행되어온 인구변화는 국내정치뿐 아니라 국제관계에도 중대한 영향을 미치는 요소로 등장하고 있습니다. 국제정치학자들은 최근 미국을 포함한 주요 강대국에서 일어나는 급속한 인구변화가 강대국 국가들 간의 세력균형에 중요한 영향을 미칠 변수로 주목하고 있습니다. 니콜라스 에버스타트는 선진국을 중심으로 나타나는 급격한 출산저하와 인구의 노령화 현상이 인류 역사상 유례없는 속도로 진행되고 있음을 지적하고 이러한 인구변화는 이들 국가의 경제 생산성을 저하시키는 근본요인으로 작용하며, 국력의 장기적인 쇠퇴를 가져온다고 주장하고 있습니다. 따라서 국력, 세력 등으로 해석되는 힘을 중시하는 국제정치에서 인구는 한 국가의 국력 수준과 영향력을 결정하는 하나의 독립변수로 자리매김하고 있습니다.

결과적으로 현재 급속히 진행되는 인구변화는 국제정치에서 주요 강대국 간의 전략 경쟁을 결정짓는 새로운 요인으로 작용할 것으로 보입니다. 인구감소와 고령화는 국가들간의 충돌보다는 평화를 가져올 것이라는 주장도 있습니다. 마크 L. 하스는 고령화되는 인구구조가 미국을 비롯한 세계 주요 강대국 간의 군사 경쟁을 완화시킬 것이라고 주장합니다. 현재 미국과 유럽, 중국 등은 급속한 인구 고령화를 경험하고 있으며, 이 현상은 주요 강대국 간의 평화로운 관계를 지속시키는 데 기여할 것이라고 예측해 볼 수 있습니다. 따라서 인구 문제는 국가 간 협력을 촉진할 수 있습니다. 고령화와 저출산 문제는 단일 국가의 노력만으로 해결하기 어려운 복잡한 문제이기 때문에, 국제적인 협력이 필요합니다. 이에 따라, 국제기구, 다국적 기업 등이 중요한 역할을 하게 되며, 국제정치에서 비국가 행위자들의 중요성이 증대됩니다. 예를 들어, 유럽연합(EU)은 인구 문제를 해결하기 위해 회원국 간 협력을 강화하고 있습니다.

동북아 주요국가들의 인구변화가 갖는 정치적 함의는 무엇인가요? 인구 감소가 동북아 평화에 미치는 영향을 어떻게 평가하세요?

조윤영 동북아시아는 세계 인구의 5분의 1과 세계 총생산의 4분의 1을 차지하는 글로벌 강국들이 모여있는 지역이지만 최근 전 세계적으로 가장 급속한 인구구조 변화를 겪고 있습니다. 이 지역의 급격한 노령화는 정치, 경제, 사회뿐만 아니라 지정학적 경쟁과 군비증가에도 중대한 영향을 미칠 것입니다. 특히 한중일 3국의 고령화 추세는 동북아시아의 군비경쟁에도 영향을 미칩니다. 저출산과 고령화로 인한 인구감소와 경제활동 인구의 위축은 경제성장 둔화와 복지비 급증을 초래하고 군사비 지출에도 제약을 기할 것입니다. 따라서 동북아의 군비경쟁이 인구변화로 인해 둔화될 가능성이 있습니다.

21세기 동북아시아 각국은 총인구가 자연 감소하는 현상을 처음으로 경험하고 있습니다. 일본은 2009년에 처음으로 자연 감소를 기록했고, 2011년 이후 지속적으로 인구가 감소하고 있으며, 2020년 초반부터는 50만 명 이상씩 인구가 줄었습니다. 한국과 대만도 출생자 수 감소로 인해 예측보다 10년 일찍 인구 감소가 시작되고 있습니다. 국제통화기금(IMF)에 따르면, 출생률 하락은 대략 1인당 명목 GDP가 1만 달러를 넘어서면서 시작되며, 일본은 1981년, 한국은 1994년, 대만은 1992년에 해당 시점에 도달했습니다. 인구 대국인 중국도 2019년에 1만 달러를 넘어섰고, 출생률 하락이 시작되었습니다. 동남아시아에서도 인구 증가 속도가 둔화되고 있습니다. 싱가포르와 태국에서는 곧 자연 감소가 시작될 것으로 예상되며, 베트남에서도 최근 출생률이 떨어져 인구 증가 속도가 둔화되고 있습니다. 인도네시아와 필리핀은 당분간 인구 증가가 계속될 것으로 보이나, 출생률은 각각 2.3, 2.5 정도로 감소했습니다. 인도는 2040년대에 인구가 16억 명에 이를 것으로 예상되나, 그 이후 감소세로 돌아설 것으로 보입니다.

동북아시아는 출산율 저하와 기대수명 연장으로 급속한 고령화를 겪고 있습니다. 일본은 1950년대부터, 한국은 1980년대부터 출산율 저하를 경험하였고, 현재 두 나라 모두 전 세계에서 가장 낮은 출산율을 기록하고 있습니다. 중국도 '한 자녀 정책'으로 인해 낮은 출산율을 보입니다. 이로 인해 한중일 3국의 고령 인구가 급속히 증가하고 있으며, 일본은 2009년에 초고령 사회로 전환되었고, 한국은 2025년에, 중국은 2050년경에 초고령 사회가 될 것으로 예측됩니다.

동북아의 급속한 인구 변화는 한중일 군사안보 전략수립에 중대한 함의를 가집니다. 인구 노령화와 감소는 군 인력 충원에 심각한 영향을 미칠 것이며, 젊은 남성 인구의 감소는 의무복무 제도에 변화를 가져올 것입니다. 유급 장기 복무자 증가와 모병제로의 전환이 필요할 것이나, 이는 인건비 증가를 초래할 것입니다. 저출산과 노령화로 인해 동북아 3국은 국방비보다 사회보장 지출을 더욱 많이 증가시켜야 할 것으로 보입니다. 이는 각국의 경제, 정치, 군사에도 중요한 함의를 가지며, 각 정부는 늘어나는 연금과 보건서비스 수요를 위한 예산을 확충해야 하는 부담을 가질 것입니다. 인구 노령화는 국가의 정책 목표 우선순위에도 근본적인 변화를 가져올 수 있으며, 한중일 3국이 협력과 평화를 촉진하는 새로운 가능성을 제시할 수 있습니다.

하지만 현재 미중 간의 전략경쟁으로 인해 중국은 첨단무기시스템 개발 및 군사기술 혁신 등 군사현대화를 통해 전투력을 강화하고 있고 사이버 및 우주역량을 강화하여 미국과의 비대칭적 경쟁력을 확보하고 있습니다. 특히, 중국의 대만침공 가능성이 높아지고 이는 세계적 규모의 전쟁으로 발전할 가능성이 있어 중국의 경제쇠퇴와 미중전략 경쟁이 인구문제와 맞물려 중국을 더욱 곤경에 빠트릴 가능성이 높을 것으로 보입니다. 한국 또한 북한 김정은의 핵무기 고도화를 통한 고강도위협과 대남정책의 적대적 대전환에 매우 혼란스러워 하는 상황입니다. 북한은 평화통일에 반대하고, 남북한 관계를 두 개의 적대적 국가로 명시하여 핵무기 등 무력사용의 정당성을 합리화하는 정책을 추구하고 있습니다. 따라서 한국이 고령화와 병력감소에 따른 국방비 지출을 줄이는 것에는 많은 어려움이 있다고 판단됩니다. 고령화로 인한 사회복지 지출에 대한 압력과 저성장에도 불구하고 일본의 경우 2027년부터 중국의 부상으로 인한 불안감으로 한동안 유지해오던 국방비를 GDP 기준 1%에서 2%로 증액하겠다는 계획을 발표하였습니다.

일본은 인구 고령화로 인해 1990년대 이후 경제 불황을 겪고 있으며, 중국에게 세계 제2의 경제대국 자리를 내주었습니다. 일본의 인구 감소는 '고령소자화' 사회로 국가경제 전체가 위축되고 국력이 쇠퇴하는 상황을 초래하고 있습니다. 각국은 출생률을 높이기 위해 많은 재원을 투입하고 있으나 주요국들의 출생률 하락에는 반전의 기미가 보이지 않습니다.

중국도 산아제한 정책으로 인구 증가를 억제했으나, 이제는 인구 고령화를 걱정해야 하는 상황입니다. 2016년에 한 자녀 정책을 중단했으나 출생률 반등은 일어나지 않았습니다. 출산율 저하와 인구 고령화로 인해 노동 인구 감소를 겪게 될 것으로 예상되며, 이는 경제 성장에도 부정적인 영향을 미칠 것입니다. 중국사회과학원은 중국 인구가 2029년에 정점에 도달한 뒤 감소할 것으로 예측하며, 중국 정부는 2033년 인구의 약 3분의 1이 60세 이상 고령자로 채워질 것으로 보고 있습니다. 영국의 의학저널 란셋(The Lancet)은 21세기 말까지 중국인구가 거의 절반으로 줄어들 것으로 예상하고 있습니다. 이러한 인구 동향은 중국의 경제 성장률 감속과도 밀접하게 연관되어 있습니다. 중국의 연간 GDP 성장률은 2007년에 14%였으나 현재는 연 6% 수준으로 떨어졌으며, 경제 발전 수준이 높아질수록 성장 잠재력도 약화되고 있습니다.

인구의 변화가 국제사회에 통상적으로 위협적 재앙이라고 하는데 이에 대한 반론도 있습니까? 위협적 측면과 기회적 측면을 비교, 설명해 주세요.

조윤영 인구의 변화는 현재와 미래의 지구 사회와 인류에게 중요한 도전과 기회를 동시에 제시합니다. 지난 한 세기 동안 기술과 의료의 발전으로 인해 인간 수명이 연장되면서 인구가 급격히 증가했습니다. 유엔의 예측에 따르면 2030년에는 세계 인구가 85억 명, 2050년에는 97억 명, 2100년에는 104억 명에 이를 것으로 보입니다. 2017년 타임지의 설문조사에 따르면, 인구문제는 환경 파괴와 함께 인류가 직면한 가장 큰 위협 중 하나로 인식되고 있습니다. 인구 폭증은 자원 고갈을 초래하여 식량 안보, 물 부족, 에너지 부족 등 다양한 사회경제적 문제를 야기할 수 있습니다. 또한, 급속한 고령화는 사회복지 시스템에 큰 부담을 주며, 노동시장의 구조와 사회적 안정성을 위협할 수 있습니다.

국가안보 측면에서도 인구변화는 중대한 영향을 미칩니다. 인구 분포의 변화와 이주 문제는 국제질서를 재편하는 과정에서 외교적 도전과 안보 위협을 초래할 수 있습니다. 인구의 변화는 국가와 지역마다 다른 방식으로 진행되며, 다양한 문제를 야기할 수 있습니다. 인구의 급증은 자원 부족과 환경 파괴를 촉발할 수 있으며, 자원 경쟁을 격화시켜 사회적 불안과 국가 간 분쟁을 초래할 수 있습니다. 이는 특히 개발도상국에서 더 심각한 문제로 나타날 수 있습니다.

경제적으로, 인구구조의 변화는 경제활동 인구의 구성을 변화시켜 실업과 빈곤 문제를 초래할 수 있습니다. 유소년 및 청년 인구의 감소는 고령층에 대한 사회 복지 시스템의 부담을 증가시키고 경제적 불평등을 확대시킬 수 있습니다. 인구의 변화는 환경, 기후 변화, 에너지 보안, 식량 안보 등 전통적인 안보 문제와도 깊은 연관이 있습니다. 저개발국에서의 인구 증가는 이러한 비전통적 위협에 대한 정책적 대응 능력을 제한할 수 있습니다.

이민 등의 이주문제도 중요한 과제입니다. 기후변화로 인한 낙후 지역의 인구 과잉은 해당 지역을 자연 재해에 취약하게 만들며, 주변 국가로의 비자발적 이주를 유도할 수 있습니다. 이는 국제 사회의 협력과 안정을 위협할 수 있습니다. 반면, 선진국들은 출산율 감소와 고령화로 인해 인구 감소에 직면하고 있습니다. 이는 생산 가능 인구의 감소와 경제 성장 저하를 초래하며, 국가 안보와 정치적 안정성에도 영향을 미칩니다.

결론적으로, 인구의 변화는 단순히 인구 수의 증가와 감소를 넘어서 다양한 복합적 요인을 내포하고 있습니다. 정책 결정자들은 이러한 변화를 고려하여 지속 가능한 발전을 위한 전략을 마련하고, 지구촌 사회의 안정과 평화를 위해 효과적으로 대응할 필요가 있습니다.

인구 감소가 국제사회에 긍정적인 영향을 미칠 수 있다는 견해도 있습니다. 인구 감소가 삶의 질을 떨어뜨리고 국가를 위기에 빠뜨린다는 일반적인 우려와는 달리, 일부 학자들은 인구 감소가 오히려 지구 생태계를 보호하고 인간의 삶의 질을 향상시킬 수 있다고 주장합니다.

인구가 줄어들면 삶의 질이 떨어지고 국가가 망할까요? 인구 과잉이 더 큰 문제라는 시각도 존재합니다. 인구가 계속 증가하면 결국 삶의 질이 저하되고, 최후에는 지구 생태계의 전면적 파괴와 생명체의 대량 멸종을 피할 수 없게 된다는 경고도 있습니다.

국제사회가 직면한 지구온난화의 근원을 따져보면, 이는 인류가 지구의 자원을 과도하게 소비하고 파괴한 결과라는 결론에 도달하게 됩니다. 이러한 위기를 극복하기 위해서는 이산화탄소 등 온실가스 배출을 줄이고, 새로운 대체 에너지를 개발해야 합니다. 그러나 이러한 기술적 대응에는 한계가 있으며, 더 근본적인 원인을 제거해야 합니다. 과잉된 인구는 지구 자원의 과도한 소비와 파괴를 초래합니다. 과잉된 인구 문제를 해결하지 않으면 환경 위기는 더욱 심각해질 것이며, 모든 기술적 처방은 결국 실패할 것입니다. 인구 감소와 제로 성장이라는 개념에 대한 거부감은 근대의 관성과 감성에 기인한 것일 뿐입니다. 인류 역사에서 인구 증가와 경제 성장은 최근 수백 년에 불과하며, 이는 지속 가능하지 않다고 보는 견해입니다.

일본의 경제학자 오노즈카 도모지는 인류가 인구적, 경제적으로 축소하는 방향으로 나아갈 필요가 있으며, 그렇게 할 수 있다고 주장합니다. 그의 연구에 따르면, 지구가 감당할 수 있는 인구는 20억에서 25억 명입니다. 이는 인구가 급격히 증가하기 이전의 수준으로 돌아가야 한다는 것을 의미합니다. 오노즈카 교수는 2070년 이후 인구가 최대 100억 명에 도달한 뒤 점차 감소할 것으로 예측합니다. 매년 0.5%씩 인구를 줄여 2350년에는 약 25억 명으로 감소시켜야 한다고 주장합니다. 이는 기아, 빈곤, 전쟁 등의 비극적 방법이 아닌, 자발적이고 점진적인 선택을 통해 인구를 감소시키는 방식을 의미합니다. 오노즈카 교수에 따르면 지구 생태계를 보호하고 인류의 삶을 지속 가능하게 만들기 위해서는 인구를 현재의 4분의 1로 줄여야 합니다. 최대 35억 명까지는 장기적으로 안정적 지속이 가능할 것으로 보지만, 궁극적으로는 25억 명 정도가 가장 적합한 인구 수준이라는 것입니다.

인구 감소는 이미 진행 중이며, 이는 인류 역사상 두 번째로 나타나는 현상입니다. 지구의 크기와 태양 에너지의 한계로 인해 무제한의 인구 증가는 불가능합니다. 인류의 삶도 결국 태양 에너지를 기반으로 하는 광합성의 산물에 의존하고 있습니다. 이러한 인구 감소 추세를 받아들이고 지속 가능한 발전을 위한 정책을 마련하는 것이 중요합니다. 인구 감소는 지구와 인류의 미래를 위한 기회가 될 수 있습니다.

저출산 고령화가 외교정책에 미치는 영향은 무엇인가요? 그리고 한국외교정책에는 어떠한 영향을 미칠까요?

조윤영 저출산과 고령화는 우선적으로 국가가 이웃국과의 갈등을 피하고 평화적인 성향을 보이게 만듭니다. 한 연구[*]에 따르면, 고령화는 노동력 감소로 이어져 생산성과 성장률을 낮추며, 노령 인구는 복지에 더 많은 예산을 할당하기를 원해 국방 예산이 삭감될 가능성이 큽니다. 이는 군사력 약화로 이어지고, 전쟁을 지지하지 않게 만든다고 주장하고 있습니다.

반면, 인구 고령화는 국가가 공격적인 성향을 보이게 할 수도 있습니다. 세력 전이 이론에 따르면, 신흥 강대국과 기존 패권국 간의 세력 전이 시기에 전쟁 가능성이 높아지는데, 인구 고령화로 국력이 정점에 이를 때 국가가 공격적으로 행동할 수 있습니다. 특히 고령화를 겪는 패권국은 군사력 쇠퇴 전에 예방 전쟁을 일으킬 수 있습니다. 또한, 고령화로 인해 군대 유지에 더 많은 예산이 필요하며, 이는 고가의 첨단 무기 수입 또는 개발 예산 증가로 이어집니다. 젊은 노동력을 군대로

---

[*] Brooks, D. J., Brooks, S. G., Greenhill, B. D., & Haas, M. L. (2018). The demographic transition theory of war: why young societies are conflict prone and old societies are the most peaceful.International Security, 43(3), 53−95.

끌어들이기 위해 더 많은 임금을 지불해야 하며, 군인 연금에 더 많은 예산이 필요해 국방비 상승을 초래할 수 있습니다.

여러 국가에서 저출산과 고령화가 지속되면 경제력과 군사력이 쇠퇴하여 기회의 창도 닫힐 것입니다. 이는 "노쇠화로 인한 평화(Geriatric peace)"를 가져와 국가 간 군사적 충돌 가능성을 줄이고, 평화로운 국제 관계를 촉진할 수도 있습니다. 결론적으로, 저출산·고령화는 국가의 대외정책에서 전쟁 회피와 평화적인 성향을 강화할 수 있지만, 특정 상황에서는 공격적인 성향을 보이게 할 수도 있습니다. 이는 국가의 상황과 전략적 판단에 따라 달라지며, 장기적으로는 국제적인 평화로 이어질 가능성도 있습니다.

한국은 저출산과 고령화로 인해 경제와 군사력이 약화될 가능성에 대비해야 하는 상황에 처해 있습니다. 이에 따라 우선 첨단기술을 활용한 군사력 강화가 필요합니다. 일부 전문가들은 최소한의 군인 수로도 첨단기술 무기를 운용할 수 있다고 주장하며, 첨단기술 활용은 인구 감소가 경제와 군사력에 미치는 부정적인 영향을 최소화할 수 있는 방법입니다.

또한, 한국은 주변 강대국들의 행동들을 면밀히 살펴야 합니다. 인구 고령화로 인해 경제적·군사적 쇠퇴를 경험하는 국가들은 갈등을 피하려는 경향이 있을 수 있지만, 일부는 국력이 아직 강할 때 국익을 최대화하기 위해 적극적인 외교 전략을 펼칠 수 있습니다. 한국은 이러한 변화를 예의주시하고, 장기적인 평화를 위해 필요한 조치들을 준비해야 합니다. 동아시아 지역에서 인구 고령화가 진행됨에 따라 이상적으로는 평화로운 외교정책을 추구하는 국가들이 늘어날 가능성이 높고 이는 한반도와 동아시아 전반에 긍정적인 영향을 미칠 수 있지만, 단기적으로는 반드시 긍정적으로 볼 수 없습니다. 북한과 중국과 같은 현상타파 세력들은 국력의 쇠퇴가 시작되기 전에 국제질서를 재편하려는 시도를 할 가능성이 있고, 이들의 시도는 매우 거세게 일어날 가능성이 있습니다.

한국의 최선의 외교안보 정책은 가능한 출산율을 증가시켜 인구 고령화의 부정적인 영향을 완화하고, 경제와 군사력을 현재 수준 혹은 더 높은 수준으로 유지하는 것입니다. 이를 통해 외적으로도 내적으로도 균형을 유지하며 국가의 안정과 안전을 지킬 수 있을 것입니다. 그러나 출산율 증가가 어려운 상황에서는 인구 고령화가 한국의 외교정책에 미치는 부정적 영향에 대응하는 획기적인 대안 마련에 최선의 노력을 기울여야 합니다.

저출산 · 고령화 · 인구감소가
초래하는 변화와 문제

5

한국 저출산의
주요 원인

• • •

한국 저출산의 주요 원인으로 주택 가격이 종종 거론되는데 이는 데이터에 비추어 보아도 사실로 보입니다. 보다 근본적으로, 여성의 고학력화와 경제활동 참여, 그리고 경제활동 참여 시 발생하는 출산과 양육의 고충이 만혼과 저출산을 야기시키고 있습니다. 청년층의 고용 불안도 결혼을 기피하게 만들고 출산율에 부정적 영향을 미치고 있습니다. 이 밖에도 사교육비 증가, 미흡한 보육환경이 출산을 주저하게 만듭니다. 문화적, 심리적으로 자녀가 있어야 한다는 인식 자체가 약화된 것도 저출산의 주요 원인 중 하나로 보입니다.

저출산 원인 중의 하나로 높은 주택가격이 거론되고 있습니다. 주택가격이 출산에 영향을 미치나요?

주하연 최근 한국에서 발생한 주택가격의 상승이 출생에 미친 영향을 미쳤는지 살펴보기 위해, 2011년~2021년까지 기간에 대해 전국 229개 시군구 단위에서 통계분석을 실시하였는데요. 시군구 평균지가가 출생률에 유의미한 영향을 미치는 것으로 나타납니다. 주택가격과 지가는 비례적으로 움직이니까, 주택가격이 출생률에 유의미한 영향을 미치는 것으로 판단합니다.

해당 분석을 위해 국토교통부와 통계청 자료를 이용하여 시군구별 평균지가와 연간 출생률을 계산했습니다. 평균지가의 경우 표준지 공시지가*를 이용하였는데, 분석을 위해 표준지 공시지가 원자료로부터 각 연도별 시군구 평균 가격을 계산하였습니다.

출생률은 특정인구집단의 출산수준을 나타내는 지표로, 1년간의 총 출생아 수를 당해년도 총인구로 나눈 수치를 1,000분비로 나타낸 수치입니다. 통계청 인구동향조사의 출생통계와 행정안전부 주민등록 인

---

* 표준지 공시지가란 국토교통부 장관이 전국의 개별토지(약 3,100만 필지) 중 지가 대표성이 있는 50만 토지를 선정·조사하여 공시하는 것으로서 매년 1월 1일 표준지의 단위면적당 가격(원/m²)을 말한다.

표 5-1 **기초통계량**

	평균	표준편차	최솟값	최댓값
연간 시군구 평균 지가	0.616	1.404	0.002	14.367
연간 시군구 출생률	6.836	2.338	1.598	16.225

주: 연간 시군구 평균 지가는 표준지 공시지가 원자료로부터 계산하였고, 연간 시군구
출생률은 통계청 인구동향조사의 출생통계와 행정안전부 주민등록 인구통계의 총
인구를 이용하여 계산하였다. 평균 지가의 경우 1년 시차(1−year time lag)를 두
었으며, 단위는 백만원/㎡이다.

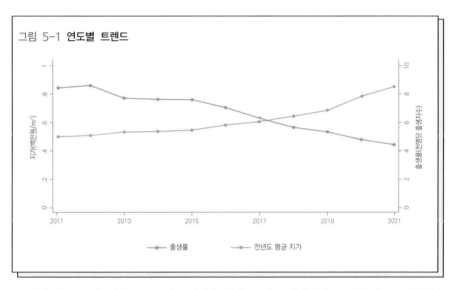

그림 5-1 **연도별 트렌드**

주: 연간 시군구 평균지가는 표준지 공시지가 원자료로부터 계산하였고, 연간 시군구 출생률은
통계청 인구동향조사의 출생통계와 행정안전부 주민등록 인구통계의 총인구를 이용하여 계
산하였다. 평균지가의 경우 1년 시차(1−year time lag)를 두었으며, 단위는 백만원/㎡이다.

구통계의 총인구를 이용하여, 각 연도별 시군구 출생률을 계산하였습니
다. 분석기간 중 연간 시군구 평균 지가의 평균값은 1㎡당 약 62만 원
이고, 출생률의 평균값은 인구 1,000명당 약 6.8명입니다([표 5-1] 참조).

[그림 5-1]에 있는 평균지가와 금년도 출생률의 연도별 트렌드를 살펴보면, 평균지가는 상승하고 출생률은 하락하고 있는 것을 확인할 수 있습니다. 통계분석한 결과, $1m^2$당 평균 지가가 백만 원 상승할 때, 출생률이 0.14% 감소하는 것으로 나타났습니다. 이는 최근 10년간 출생률 하락의 약 8.6%를 설명합니다. 즉, 출생률 하락에 기타 원인도 있지만 지가가 설명할 수 있는 부분이 상당히 크다는 점을 시사합니다.

출산을 하면 직장여성의 경력 단절이 일어나기 때문에 여성들이 출산을 회피한다는 주장이 있습니다. 특히 한국에서 이런 경향이 심한 것 같은데 사실인가요?

주하연 여성의 경제활동 참여는 2010년대 이후 결혼과 출산을 지연시켰을 뿐 아니라 출산까지 감소시킨 것으로 알려져 있습니다. 하지만 직장여성이 경력 단절에 대한 우려 때문에 출산을 회피한다는 주장을 뒷받침하기 위해서는 보다 정교한 분석이 필요합니다.

최근 한 연구*에서는 여성이 다니고 있는 직장의 유형에 따라 자녀 수가 어떻게 달라지는지 분석하였습니다. 해당 연구에 따르면, 기혼 여성이 경력 단절 위험이 높은 대기업 등 일반 직장에 다닐 경우 자녀의 수가 감소한 반면, 상대적으로 경력 단절 위험이 적은 정부 및 공공 기관에 다닐 경우 자녀의 수가 덜 감소한 것으로 나타났습니다. 이는 직장여성의 경력 단절에 대한 우려가 출산을 회피하게 만든다는 실증 증거라 할 수 있겠습니다.

동 연구에서는 분석을 위해 한국보건사회연구원의 2018년 가족과 출산조사**(舊 전국 출산력 및 가족 보건·복지 실태조사)를 활용하였습니다.

---

* 신자은(2022). 기혼여성의 경제활동 참여와 출산과의 관계에 대한 연구: 직장 유형을 중심으로. 여성경제연구, 19(3), 1-33.

** 가족과 출산 조사는 출산과 결혼 행동의 이력을 체계적으로 파악하는 조사로서,

표 5-2 **기초통계량**

	공공기관 (n=940)		민간부문 (n=4898)				미취업 (n=4501)
총 자녀 수	1.718		1.747				1.747
	정부 기관	정부 외 공공 기관	대기업 (300 인 이상)	중소기업 (5~299 인)		개인 기업체 (5 인 미만)	
				중기업	소기업		
	1.751	1.643	1.501	1.637	1.778	1.820	
	1.743						

주: 신자은(2022) 재인용.

직장 유형별로 평균 자녀 수를 비교해 보면, 미취업자(1.747명) 대비 전체 취업자(1.743명)의 자녀 수에는 거의 차이가 없지만, 직장 유형에 따라 차이가 관측됩니다. 공공기관의 경우 정부기관이 1.751명으로 정부 외 공공기관(1.643명)에 비해 약간 높았고, 민간부문의 경우 대기업이 1.501명으로 가장 낮은 반면 기업의 규모가 작아질수록 총 자녀 수가 증가하는 것으로 나타났습니다([표 5-2] 참조).

동 연구에서는 보다 엄밀한 분석을 위해 여성의 인구학적 특성(연령, 교육수준, 결혼 당시 연령, 첫 임신 연령), 가구 특성(배우자 연령, 배우자 교육수준, 배우자 직장 유형) 등을 통제한 뒤, 직장유형별 자녀 수를 분석하였는데, 그 결과 경력단절 가능성이 상대적으로 낮은 공공기관에서 근무하는 여성의 경우 미취업자와 비교해서도 자녀 수에 있어 차이가 없었으며, 민간부문과 대비해서는 자녀 수가 더 많은 것으로 나타났습

결혼과 출산 등 인구학적 행동을 중심으로 개인의 생애과정과 가족의 변화를 관찰할 수 있는 자료를 제공한다. 특히 출산과 경력단절 우려 간의 관계를 살펴볼 수 있는 여성의 취업 여부 및 직장 유형 정보는 물론 여성 및 배우자에 관한 다양한 정보가 포함되어 있다.

니다. 민간부문 내에서는 경력단절 가능성이 상대적으로 높은 대기업, 중기업에 종사하는 여성일수록 자녀 수가 감소한 것으로 나타났습니다.

요즘 한국에는 청년실업 증가와 비정규직 증가로 대변되는 고용불안이 이어지고 있습니다. 청년층의 고용불안이 저출산의 원인으로 지목되는데 어떻게 보시는지요?

주하연 청년실업의 증가와 저출산은 비단 한국뿐 아니라 여러 선진국에서 동시적으로 발생하고 있는 현상입니다. 유럽 국가들 중에서 전통적으로 여성 참여율이 낮았던 국가에서는 노동력의 빠른 여성화가 주로 중년 남성 노동자들을 위한 경직된 노동 시장 제도와 충돌하여 실업률이 상대적으로 높아지고 출산율이 낮아지고 있습니다.[*]

한국의 노동 관련 통계의 경우 비정규직도 국제 기준에 따라 일반 근로자(full-time job)로 구분하기 때문에 지역단위의 비정규직 전수 자료를 이용하여 비정규직 증가와 저출산에 대한 분석을 하기에는 어려운 측면이 있습니다. 다만 청년층 고용 불안이 문제로 대두되고 있는 최근 혼인 건수와 남성 결혼 비율이 감소한 것은 통계청 자료를 통해 확인할 수 있습니다. 2010년 혼인이 32만 건이었는데 2022년 19만 건으로 감소했습니다. 코로나19 팬데믹 효과도 있긴 하지만 2019년 24만 건과 비교하더라도 감소한 것을 확인할 수 있습니다. 또한 남성의 경우

---

[*] Adsera, Alicia(2005) "Vanishing Children: From High Unemployment to Low Fertility in Developed Countries," American Economic Review 95(2): 189-193.

30세 이하 결혼 비율도 2010년 32.9%에서 2022년 21.8%로 하락하였습니다. 고용불안으로 인해 결혼을 안 하고(또는 못하고), 결혼을 하더라도 점점 더 늦게 하게 되므로, 출산율도 하락할 수밖에 없다고 생각합니다.

요즘 늦은 결혼이 하나의 문화로 정착하고 있는 듯합니다. 혹자는 만혼이 저출산의 원인이라고 지목하는데, 만혼과 저출산에 인과관계가 존재한다고 생각하세요?

(주하연) 인과관계의 측면에서 생각한다면 만혼 그 자체가 저출산의 원인이라기보다는, 여성의 고학력화와 경제활동 참여, 그리고 경제활동 참여 시 발생하는 출산과 양육의 고충이 만혼과 저출산의 원인이라고 보는 것이 더 타당할 것 같습니다.

결혼과 출산을 개인의 의사 결정에 기반하여 설명하고자 하는 시도는 이미 오래 전부터 있었습니다.[*] 과거 농경사회에서는 자녀의 숫자가 가정의 생산력과 부를 결정하였지만, 현재 산업사회에서는 자녀는 생산요소라기보다 오히려 나에게 기쁨을 주지만 돈이 들어가는 "내구재(durable goods)"에 더 가깝기 때문에 "양(quantity)보다는 질(quality)"이 더 중요하게 인식되기 시작하였습니다.

---

[*] Becker, G. S. (1960), "An Economic Analysis of Fertility", in Demographic and Economic Change in Developed Countries, NY : Columbia University Press, 209~240.
Becker, G. S. and H. G. Lewis (1973), "On the Interaction between the Quantity and Quality of Children", Journal of Political Economy. Part 2, Vol. 81, No. 1, 279−288.

경제학 이론에 따르면, 경제 및 사회발전에 따라 여성에게 더 많은 교육기회 및 노동시장 참가 기회가 주어짐에 따라 여성의 경제력이 향상하는데, 이는 결혼 및 출산의 순편익을 감소시켜 결혼 및 출산을 연기할 뿐 아니라 생애 동안 결혼을 하지 않는 경향까지 증가시킬 수 있습니다.

국내 한 연구*는 여성의 인구학적 특성(출생년도, 교육수준, 경제활동 참여 등)이 결혼과 출산(첫째와 둘째 각각)에 미치는 효과를 분석하였습니다. 여성의 취업은 결혼, 첫 출산 및 둘째 출산에 부정적인 영향을 미치고, 학력은 만혼에는 영향을 미치지만 출산에는 영향을 덜 미치는 것으로 나타났습니다. 특히 이러한 추세는 연령별로 차이가 있는데, 최근 세대로 올수록 결혼이 늦어지고, 출산율도 더 낮아지는 경향이 있습니다. 종합적으로 보면 최근 세대의 고학력화와 취업 확대가 만혼 및 저출산 추세의 많은 부분을 설명한다고 합니다.

* 남국현 · 김대일(2016), "여성의 결혼과 출산의 결정요인 분석", 여성경제연구 13(2): 25-52.

한국의 사교육비는 가히 살인적입니다. 사교육비가 너무 들어서 출산을
포기하는 가정이 있다고 합니다. 사교육비와 저출산, 관계가 있나요?

주하연 최근 한 국내 연구*에서 저출산의 상당 부분이 사교육비 원인
에 있다는 문제 제기가 있었습니다. 2023년 통계청 초·중·고 사교육비
조사에 따르면, 사교육비 총액은 코로나19 팬데믹으로 인해 2020년에
잠시 주춤하였는데, 2021년 이후 다시 급등하여 2022년 26조 원으로
최고 수치를 기록했다고 합니다([그림 5-2] 참조). 그리고 2022년 합계출
산율은 0.78명으로 최저를 기록하였습니다.

　동 연구는 통계청 초·중·고 사교육비 조사와 인구동향조사를 이
용하여, 시도 수준에서 분석을 수행하였습니다. [그림 5-3]에서 볼 수
있듯이 한국의 합계출산율은 2015년 이후 지속적으로 감소하였는데,
2015년~2022년 기간 동안 합계출산율은 0.46명이 감소하였습니다. 한
편 동기간 실질 사교육비는 1인당 약 10만 원 증가한 것으로 나타났습
니다. 이를 계량 모형을 통해 분석한 결과, 월평균 실질 사교육비가 1만
원 증가할 때 합계출산율이 0.012명 감소한다고 합니다. 즉, 합계출산

---

* 유진성(2023), "사교육비가 저출산에 미치는 영향", FKI 인사이트, 한국경제인연
　합회 연구보고서 FKI 인사이트.

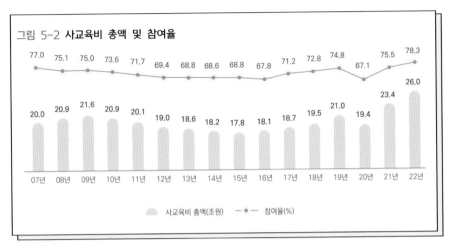

그림 5-2 **사교육비 총액 및 참여율**

주: 통계청 보도참고자료(2023. 3. 7) 인용한 유진성(2023) 재인용.

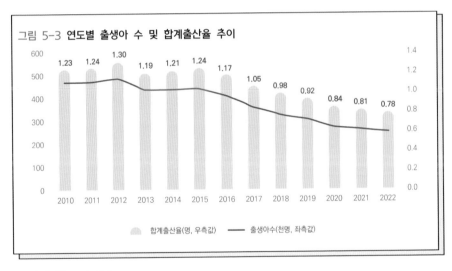

그림 5-3 **연도별 출생아 수 및 합계출산율 추이**

주: 유진성(2023) 인용.

율 감소의 약 26.0%가 사교육비 증가에 의해 설명된다고 합니다. 사교육비가 저출산에 영향을 미칠 것이라는 상식적 판단은 맞다고 생각합니다.

한국의 보육 환경은 계속 좋아지고 있다지만 아직도 불만을 표시하는 부모들이 있습니다. 미흡한 보육환경이 저출산에 영향을 미칠까요?

주하연 경제활동에 참여하는 여성의 경우, 출산 및 자녀 양육으로 인해 경력단절이 될 것을 우려하여 출산을 기피할 가능성이 있습니다. 이를 위해 정부에서는 출산전후휴가와 육아휴직제도를 장려하고, 법적으로 보호하고 있으며, 안정적으로 아이를 맡길 수 있도록 어린이집을 확대해 왔습니다. 하지만 여성이 안정적으로 경제활동에 참여하기 위해서는 돌봄 지원이 다층적으로 이루어질 필요가 있습니다.

최근 한 국내연구*는 2003년~2020년까지 한국노동패널자료를 이용하여 출산경험이 있는 여성에 대해, 출산 2년 전부터 출산 후 8년까지 총 11년 동안 경력 유지에 대해 살펴보았습니다. 이때 자녀 돌봄의 방식을 본인이 직접 돌보는 것을 제외하고, '가족돌봄'(조부모, 친지 등), '공공돌봄'(직장 내 돌봄, 국공립어린이집, 아이돌봄서비스), '민간돌봄'(민간어린이집, 사설놀이방, 유치원)으로 구분하여 분석에 활용하였습니다. 분석에 따르면, 육아휴직과 공공돌봄이 여성의 경력 단절을 막기 위해 가장 필

---

* 정성미(2023), "출산·육아기 여성의 경력유지에 관한 연구", 여성경제연구 20(1): 1−25.

수 요소입니다. 하지만 둘째를 출산할 경우 상대적으로 안정적인 일자리에 있더라도 직장을 다니는 데 어려움이 발생합니다. 이는 직장여성이 둘째를 출산하기 위해서는 경직된 노동 시장하에서 가족 내 도와줄 수 있는 사람이 절실하다는 의미입니다. 즉, 여성이 안정적으로 일·가정 양립을 이룩하기 위해서는 사회적 제도와 보육시설의 질적 개선은 물론, 유연한 근무환경 및 가족돌봄 서비스 제공을 위한 정책 지원이 필요하다고 하겠습니다.

이 밖에도 저출산을 유도하는 제도적, 문화적, 심리적 정서적 요인으로 무엇이 있을까요?

주하연 한국 사회에서 여성에게 일과 자녀는 양자택일의 문제로, 일종의 '구조화된 갈등 관계'가 되었습니다. 이러한 상황하에서 과거에는 아이를 위해 일을 포기했지만, 이제는 더 이상 일을 포기하지 않으며, 자녀가 있어야 한다는 인식 자체도 약화되었습니다.

이러한 변화의 원인은 출산과 취업의 의사결정의 토대가 되는 생활조건이 과거와는 달라졌다는 것입니다. 과거에는 맞벌이 비중이 저소득 계층에서 높았다면, 현재는 고소득 계층에서도 확대되었습니다. 이러한 상황하에서, 사회적 제도와 보육시설은 물론 가족돌봄 자원의 유무가 출산의 결정 및 수준에 영향을 미칠 수밖에 없습니다. 일과 양육의 긴장 구조에서 초래되는 부정적 결과를 미연에 방지하기 위해, 출산의 지연 또는 회피가 늘어날 수 있습니다.

출산과 양육에 대한 사회의 역할이 중시되고 있기는 하나, 여전히 개인과 가족에게 출산과 양육은 큰 부담이 되고 있습니다. 이를 개선하기 위해서는 개인의 의사 결정에 영향을 줄 수 있을 정도의 충분한 사회적 비용 보조가 효과적이라고 생각합니다. 미미한 정도의 비용 보조는 양육의무를 수반하는 출산에 영향을 못 미칩니다.

6

주요 선진국의
저출산·고령화·인구감소
문제 극복 방안

● ● ●

많은 국가들이 저출산·고령화·인구감소를 사회적 문제로 인식하여 갖가지 정책을 시행하고 있습니다. 한국은 대통령 직속으로 "저출산·고령사회 위원회"를 설치하여 2006년부터 범정부 합동으로 5년 단위 "저출산·고령사회 기본계획"을 수립하여 시행하고 있습니다. 그러나 저출산 극복 성과는 매우 빈약해 보입니다. 이웃나라 일본도 현금지원, 현물지원, 제도 개선의 노력을 기울이고 있지만 아직까지 출산율의 반등을 경험하지 못하고 있습니다. 스웨덴, 헝가리 등 유럽 국가는 가족관계 정부 예산이 한국보다 높고 제한적 수준의 저출산 극복 성과를 이루고 있습니다. 예외적으로 이스라엘은 출산에 대한 국가의 지원이 그다지 높지 않지만 종교적, 정치적 이유로 높은 출산율을 기록 중입니다.

한국은 그동안 저출산·고령화·인구감소 문제 극복을 위해서 정부차원에서 어떤 노력을 했나요? 효과가 있었다고 평가하시나요?

이강호 우리나라는 2000년대 들어 저출산과 고령화 현상이 크게 가속화되어 긴급한 대책이 필요해졌습니다. 2002년 합계출산율(TFR)이 처음으로 초저출산 수준(1.3명) 이하인 1.18명이 되면서 최초로 40만 명대 아이들이 태어났습니다. 2005년에 합계출산율이 1.09명으로 계속 악화되자 강력한 저출산 대책 필요성이 고조되었습니다. 2023년에는 0.72명으로 세계 최저 수준으로 악화되었습니다. 고령화 측면에서도 2000년에 고령인구 비율이 7.2%로 고령화사회가 되었고, 2025년에는 초고령사회로 전환될 것으로 전망됩니다. 빠른 저출산과 고령화 진행으로 지속 발전 가능성에 대한 우려가 확산되고 있습니다.

정부는 이러한 저출산과 고령화 현상에 대응하기 위해 "저출산·고령사회 기본법"을 제정하고, 대통령 직속으로 "저출산·고령사회 위원회(이하 "저고위")"를 설치하였습니다. 저고위는 2006년부터 범정부 합동으로 5년 단위 "저출산·고령사회 기본계획"을 수립하여 시행하고 있습니다. 저출산·고령사회 기본계획은 4차례 수립되어 현재는 제4차 기본계획('21~'25)이 시행되고 있습니다.

한국은 지난 수십 년 동안 저출산과 고령화라는 중대한 사회적 도

전에 직면해 있습니다. 이러한 문제는 단순히 국내적인 우려를 넘어서 전 세계적인 관심사가 되고 있습니다. 저출산으로 인한 사회경제적 문제가 심화되고 있고, 2025년 초고령사회 진입 등 세계에서 가장 빠른 고령화가 진행되고 있습니다. 이런 상황에서 한국정부는 다양한 정책을 시행하고 있습니다. 그간 정부의 저출산·고령화 정책 내용을 간략히 살펴보고, 그 효과를 평가해 보도록 하겠습니다.

저출산 극복을 위한 정책은 지난 4차례의 저출산·고령사회 기본계획을 통해 적극적으로 추진되었습니다. 제1차 기본계획('06~'10)에서는 저출산 대응 기반 구축 차원에서 제도 기반 조성에 중점을 두었습니다. 제2차 기본계획('11~'15)에서는 점진적 출산율 회복을 위해 기혼가구 중심의 지원정책에 역점을 두었습니다. 제3차 기본계획('16~'20)에서는 아이와 함께 행복한 사회를 위해 사회구조와 거시적 대책을 포함하는 정책에 중점을 두었습니다. 제4차 기본계획('21~'25)에서는 초저출산 추세 반전을 마련하고 2030년까지 합계출산율 1.0명을 목표로 제시하였습니다. 이를 현금지원, 현물지원, 제도개선 등으로 유형화하여 정리해 보겠습니다

첫째, 현금지원('24년 기준)은 7세 이하 아동에게 총액 29.6백만 원을 지원하고 있고, 대표적인 현금지원 정책은 다음과 같습니다. 아동수당은 7세까지 매월 10만 원씩 지급하고 있고, 부모급여는 0세에 월 100만 원, 1세에 월 50만 원씩 지원하고 있습니다. 가정양육수당으로 유치원과 어린이집에 다니지 않는 영유아(24~86개월)에게 월 10만 원씩 지급합니다. 그 외에도 세액공제와 첫만남 이용권 등 다양한 현금지원 정책을 추진하고 있습니다.

둘째, 현물지원('24년 기준)은 영유아 보육, 초등생 늘봄학교, 난임지원, 주거지원 등이 있습니다. 보육은 무상보육의 일환으로 5세까지 영유아를 대상으로 어린이집이나 유치원을 이용하는 보육료로 월 28만 원~62.9만 원 범위에서 서비스이용권(바우처)을 지급합니다. 또한, 초등학생을 대상으로 방과후 돌봄을 하는 늘봄학교를 운영하고 있습니다. 2024년에 1학년 대상으로 시작하고, 2027년까지 모든 초등학생을 대상으로 원하는 학생은 누구나 방과후 돌봄을 받을 수 있도록 할 계획입니다(교육부 발표, '24.2.5.). 난임시술은 출산연령 증가로 난임이 증가함에 따라 지원을 확대하고 있는데, 난임시술에 출산당 25회 지원하고, 건강보험 본인 부담률을 30% 이하로 낮추고, 비급여 항목을 최소화하고 있습니다(저고위 발표, '24.6.19.). 한편, 주거지원은 출산의 가장 큰 장애요인으로 보고 최근 강화되고 있습니다. 신생아 특례 구입·전세자금의 대출 소득 요건을 2억 원 이하로 하고, 분양시장에서 신생아 우선 공급을 위해 민간과 공공분양, 공공임대 등에서 신생아 특별공급을 확대하고, 공공임대 재계약 시 소득기준 폐지 등을 시행하고 있습니다(저고위 발표, '24.6.19.).

셋째, 제도개선으로 일·가정 양립을 지원하고, 출산을 뒷받침하기 위해 육아휴직 확대, 근로시간 단축, 유연근무제를 최근 크게 강화하고 있습니다. 육아휴직은 부모 모두 3개월 이상 사용 시 기간을 1년에서 1년 6개월로 연장하고, 육아휴직기간 급여를 지급(통상임금 100%, 최대 250만 원)합니다. 육아기 근로시간 단축은 12세(초등학교 6년)까지 최대 36개월간 주당 10시간씩 사용할 수 있으며, 실질적인 활용도를 높이기 위해 기업주에게 워라밸 일자리 장려금(월 최대 50만 원)을 지급하고 있습니다. 유연 근무는 개인의 필요에 따라 소정근무시간을 준수하면서

134

시차 출퇴근, 재택근무 등을 활성화할 수 있도록 하고 있습니다(저고위 발표, '24.6.19).

우리나라는 2000년 고령화사회, 2018년 고령사회로 전환된 이후, 2025년 초고령사회로 전환될 것으로 전망됩니다. 고령화 속도는 세계에서 가장 빠르게 진행되고 있어서 통계청은 2066년에 고령인구가 생산연령인구(15~64세)보다 더 많아질 것으로 예상하고 있습니다. 정부는 고령화 대응을 위해 다양한 정책을 추진해 왔습니다.

고령화 대응을 체계적으로 하기 위해 법률 제정이 다양하게 이루어졌습니다. 기초노령연금법(2007년), 노인장기요양보험법(2008년), 고령친화산업진흥법(2008년), 치매관리법(2012년) 등을 제정하고, 고령자고용촉진법을 개정(2008)하여 고령자 보호 관련 제도를 정비했습니다. 특히, 저출산·고령사회 기본법(2005년) 제정으로 저고위가 출범함에 따라 저출산 정책과 더불어 고령사회 대책을 체계적이고 종합적으로 추진하게 되었습니다. 정책추진 내용면에서는 노후 소득보장, 돌봄, 노인 일자리 확보 등을 위한 정책을 추진했습니다.

첫째, 노후 소득보장 측면에서 그간 정책을 소개하겠습니다. 노후 소득은 기초연금, 국민연금, 사적연금 등 다층적 노후소득보장 체계를 구축하고 사각지대를 해소하는 방향으로 추진되었습니다. 기초연금이 2008년에 도입되어 월 33.4만 원씩(2024년 기준) 지급되고 있고, 국민연금은 노령연금 수급자가 546만 명이고, 월 평균 58.5만 원씩 지급되고 있습니다. 또한 개인차원에서 다양한 연금을 활용하고 있으나, 노인빈곤율이 OECD 국가 중 최고 수준으로 높습니다.

둘째, 노인 돌봄 보장 정책입니다. 고령자의 건강상태 변화에 따라

건강관리 및 치료를 지원하고 생활불편을 해결하는 돌봄 체계를 적극 구축해왔습니다. 전 국민을 대상으로 생활불편 시 지원하는 장기요양보험을 2008년에 도입했고, 치매관리 인프라를 구축하고, 노인 틀니 등 건강보험의 보장성을 강화했습니다. 노인의 건강이 불편해질 경우 저렴한 비용으로 생활이 가능한 요양원과 요양병원 체계를 구축하여 핵가족화로 인한 노인 돌봄 문제를 해결할 수 있는 기반을 마련했습니다.

셋째, 노인들의 소득과 건강유지를 위한 일자리 확보 정책입니다. 일자리 정책은 정부예산으로 하는 공공 노인일자리 정책과 민간의 고용을 촉진하는 일자리 정책으로 구별됩니다. 일자리 정년이 60세이고, 주된 일자리 퇴직연령이 53세('10년, 고용부)이기 때문에 노인 일자리는 근본적인 소득 정책이 됩니다. 공공 노인일자리는 매년 늘리고 있는데, 2017년 43.7만 개였으나, 2024년에는 103만 개로 늘어났습니다. 근본적인 노인 일자리를 해결하기 위해서는 민간에서 노인 고용인원을 늘리는 것이 가장 중요하게 됩니다. 생산연령인구(15~64세)가 급격히 줄고 있으므로 고령인구를 활용하기 위해 고용률을 높이고, 정년연장 등의 정책추진이 필요한 상황입니다.

우리나라는 앞에서 보았듯이 저출산 심화로 다양한 정책을 적극 추진했습니다. 다만, 저출산 극복 성과가 매우 빈약합니다. 본격적으로 저출산 극복정책을 시행하기 시작한 2000년대 이후 저출산 현상이 악화되고 있습니다. 출생아 수 측면에서 2002년 49.7만 명으로 처음으로 40만 명대로 낮아진 이후 2016년까지 15년간 40만 명대 수준에서 횡보를 하였습니다. 합계출산율은 1.09~1.24명 수준으로 같은 시기의 OECD 평균 1.65~1.76명보다 훨씬 낮은 수준에서 변동이 있었습니다. 그러나, 2017년 출생아 수가 35.8만 명이 되었고, 2023년에는 23.0만

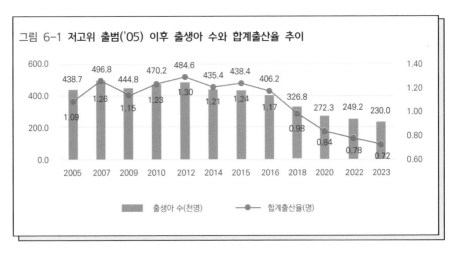

그림 6-1 저고위 출범('05) 이후 출생아 수와 합계출산율 추이

자료: 통계청. 인구동향조사. KOSIS 통계 재구성('24.6.30.).

명으로 낮아지면서, 합계출산율도 2018년 0.98명으로 낮아진 이후 2023년에는 0.72명으로 세계에서 가장 낮은 수준이 되었습니다. 전반적으로 적극적인 저출산 극복 정책에도 불구하고 출생아 수와 합계출산율 측면에서 보면 상황은 지속적으로 악화되었습니다.

이를 저출산고령사회 기본계획의 시기별로 나누어 성과를 보면 다음과 같습니다. 제1차 기본계획 기간 동안은 출생아 수가 3.1만 명 증가하였고, 합계출산율도 0.06명 증가하였습니다. 그러나, 제2차 기본계획 기간 중에는 출생아 수가 16.6만 명 감소했고, 합계출산율은 0.1명 증가했습니다. 제3차 기본계획 기간 중에도 출생아 수는 16.6만 명 감소했고, 합계출산율도 0.4명이나 감소한 0.84명이었습니다. 기본계획 시행기간별로 약간의 증감이 있으나, [그림 6-1]에서 볼 수 있듯이 전체적으로 보면 저출산 현상이 악화되어가고 있음을 볼 수 있습니다.

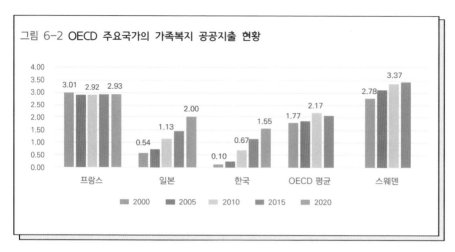

그림 6-2 OECD 주요국가의 가족복지 공공지출 현황

자료: OECD data('24.6.24.).

재정지원 측면에서 보면, 가족복지 공공지출(Family Benefits Public Spending)의 GDP 대비 비율은 우리나라에서 지속적으로 증가하고 있습니다. 저출산 정책이 본격화되기 전인 2000년에 0.1%에서 2020년에 1.55%로 크게 증가하었으나, OECD 평균에 크게 못 미치고 프랑스나 스웨덴과 같은 선진국과의 격차는 상당한 수준입니다([그림 6-2] 참조). 따라서 우리나라는 아직도 가족복지 공공지출을 더 늘릴 필요성이 있습니다. 더구나, 저고위에서는 지금까지 저출산 지출예산에 포함되었던 취약계층 지원예산, 청소년 지원 예산, 주거지원 예산 등 저출산과 관련 없는 사업예산을 제외하여 저출산 예산을 재집계하고 있습니다. 이 경우 그 비중은 훨씬 낮아질 것입니다. 다만, 우리나라는 아동수당, 부모급여 등 다양한 저출산 지원정책으로 가족복지 공공지출이 앞으로 더 빠르게 늘어날 것으로 예상됩니다.

앞에서 보았듯이 정부의 적극적인 저출산 극복정책에도 불구하고 저출산 현상은 지속적으로 악화되었으나, 정부의 적극적인 저출산 극복 정책이 없었다면 훨씬 악화되었을 거라는 분석이 있습니다. 저출산 극복을 위한 근본적인 대책이 되지는 않았으나, 일부 정책은 단기적인 효과가 있었고 저출산 추가 악화를 어느 정도 완화했다는 점은 평가할 만하다고 봅니다. 향후 저출산 극복을 위한 정책을 보다 적극적이고 획기적으로 추진해야 할 필요성이 여기에 있습니다.

노인들의 급격한 고령화와 핵가족화, 그리고 기대수명 증가로 노인의 소득, 돌봄, 일자리 대책이 중요해졌습니다. 2006년부터 시작된 저출산·고령사회 기본계획에 따라 지난 18여년간 추진된 고령화 정책은 일정한 성과를 보았습니다. 우리사회는 부모가 늙으면 자녀 등 가족이 책임지는 가족돌봄(family care)에서 사회가 책임지는 사회돌봄(social care)으로 급속히 전환되고 있습니다. 이런 상황에서 우리의 고령화 대책은 일정한 정도 성과가 있었으나 다양한 측면에서 한계를 지니고 있습니다.

첫째, 노인의 소득보장 측면입니다. OECD 통계*에 의하면 우리나라 노인빈곤율은 2011년 47.8%에서 2015년 44.3%, 2020년 40.5%, 2022년 39.7%로 지속적으로 낮아졌습니다. 국민연금 수급 대상자 확대, 기초연금 지급, 일자리 제공 확대 등으로 노인빈곤율의 개선이 있었다고 볼 수 있습니다. 그러나, 아직도 노인빈곤율은 OECD 국가 중 가장 높은 수준으로 개선 필요성이 높습니다.

---

* 노인빈곤율은 OECD data에 2011년부터 수록되어 있고, 노인빈곤율 대상도 66세 이상 노인이다. 한국의 통계청은 고령인구인 65세 이상의 노인빈곤율을 발표한다.

둘째, 노인의 돌봄 측면입니다. 건강보험 보장성 확대, 장기요양보험 실시(2008년), 치매 국가책임제 실시(2019년) 등으로 노후 돌봄 체계가 갖춰져 가고 있다고 볼 수 있습니다(저고위, 2021). 사회복지센터, 노인복지관, 노인당 등 생활과 건강을 담보할 수 있는 다양한 노인복지시설들이 만들어졌습니다. 그러나, 건강, 요양, 치매 등 분야에서 충분한 돌봄을 달성하고 있다고 보기 어렵고, 돌봄인력의 과도한 비용상승은 큰 부담으로 해결해야 할 과제입니다. 노인 숫자가 늘어나고, 베이비붐 세대가 노인인력으로 진입하면서 노인들의 선호나 희망사항이 바뀌고 있습니다. 노인복지시설도 늘어나고 있으나, 노인들의 다양한 선호를 충족하지 못하고 있습니다. 특히, 자기부담을 원칙으로 하는 질 좋은 서비스를 제공하는 돌봄이 절실한 상황입니다.

셋째, 노인을 대상으로 하는 일자리 제공 측면입니다. 정부는 노인일자리 사업을 가속적으로 늘려 추진하고 있습니다. 정부지원 노인일자리 숫자는 2005년 4.7만 개, 2015년 38.5만 개, 2010년 76.9만 개, 2024년 103만 개 수준으로 계속 늘어났습니다. 정부 지원 노인 일자리는 2024년 기준으로 월 인건비가 29~63.4만 원 수준입니다. 노인 일자리 사업은 소득 보전대책이기도 하지만, 노인 복지 측면에서 큰 의미를 지니고 있는 사업입니다. 베이비 붐 세대(1955~1963년생, 700만 명) 등 고령인구들의 신체건강이나 경험이 크게 좋아졌기 때문에 민간기업에 재취업할 수 있도록 하는 것이 매우 중요합니다. 민간주도의 노인 일자리 대책이 절실히 필요한 시점입니다.

종합적으로 볼 때, 한국 정부의 저출산·고령화·인구 감소 대응 노력은 일정 부분 성과를 거두었으나, 근본적인 문제 해결을 위한 돌파구를 마련하기에는 크게 미흡합니다. 인구 문제는 단기간에 해결할 수 있는 간단한 과제가 아니며, 장기적인 관점과 지속 가능한 정책, 그리고 사회 구성원 모두의 노력이 절실합니다. 따라서, 정부뿐만 아니라 사회 전반적인 인식 개선과 문화적 변화가 동반되어야만 한국이 이러한 도전을 극복하고 건강한 사회 구조를 유지할 수 있을 것입니다.

일본의 출산율이 한국보다는 높지만 2 미만입니다. 요즘 다양한 출산 장려 정책을 펴고 있는데, 어떤 정책이 있었고 효과는 있었나요?

이강호 일본은 지속적으로 낮아지는 출산율로 인해 심각한 저출산 문제를 겪고 있습니다. 2005년 일본의 합계출산율(TFR)은 1.26명으로 낮아진 이후 약간의 반등을 보이며 2017년에는 1.63명까지 증가했습니다([그림 6-3] 참조). 그러나 최근 다시 출산율이 낮아지면서 일본 정부는 이를 국가적 위기로 규정하고 적극적으로 대응에 나서고 있습니다. 2023년 일본의 TFR은 1.20명으로 최저치로 떨어졌으며, 출생아 수는 72.7만 명에 불과했습니다. 이는 한국의 2023년 TFR 0.72명과 비교해 여전히 높은 수치이지만, OECD 평균 TFR 1.58명에 비하면 낮은 수준입니다. 이러한 저출산 현상은 일본의 인구 구조에 큰 영향을 미치고 있습니다.

일본은 1989년 TFR이 1.57명으로 떨어지면서 저출산 문제에 대한 적극적인 정책을 추진하기 시작했습니다. 주요 정책으로는 Angel Plan (1995~2004)과 5개년 저출산 사회대책 대강(1~4차, 2005~2024) 등이 있습니다. 일본 정부는 TFR 목표를 1.8명으로 설정하고 다양한 지원 정책을 시행하고 있습니다.

첫째, 현금지원 정책입니다. 아동수당을 1971년부터 지급하기 시

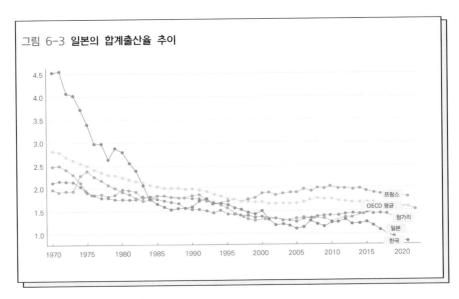

그림 6-3 **일본의 합계출산율 추이**

자료: OECD Data('24.6.12.).

작했습니다. 2024년의 경우 출생부터 중학생까지 지급하고 있는데, 3세 미만은 월 1.5만 엔(약 13만 원)이고, 이후 1만 엔씩(약 9만 원) 지급합니다. 일본정부는 날로 심화되고 있는 저출산을 극복하기 위해 2025년부터는 고등학생까지 지급 대상을 확대하기로 발표했습니다(요미우리신문, 2023.12. 12.). 그 외에도 다양한 지원정책을 시행하고 있습니다.

둘째, 출생에 대한 현물지원 정책입니다. 만 3세부터 초등학교 입학 전까지의 모든 유아에게 무상교육 및 보육 서비스를 제공하고 있고, 임신 출산에 필요한 의료비 지원과 출산 전후 휴가를 제공하며, 출산 후에는 무료 건강검진 및 예방접종을 지원합니다. 주거지원은 신혼 신규주택 구입 및 이사비용을 지원하고, 다자녀 가구를 위한 공공 주택 지원과 주택 대출 이자 보조를 제공합니다.

셋째, 출생여건 조성을 위한 제도개선을 적극적으로 추진하고 있습니다. 일·가정 양립지원을 위해 유연근무제 도입과 육아휴직 제도를 강화하여 부모들이 일과 육아를 병행할 수 있도록 지원하고 있습니다. 여성 재취업 지원을 위해 출산과 육아로 경력이 단절된 여성들의 재취업을 지원하는 프로그램을 운영하며, 불임 치료에 대한 의료비 지원과 관련 정책을 강화하여 출산 부부들이 더 쉽게 아이를 가질 수 있도록 돕고 있습니다.

일본의 저출산 극복 정책은 합계출산율 측면에서 약간의 반등을 이뤄냈지만, 여전히 지속적인 출생아 수 감소 문제를 해결하지 못하고 있습니다. 2005년 TFR이 1.26명에서 2017년 1.63명으로 증가하는 등 일시적인 개선이 있었으나, 최근 몇 년간 다시 TFR이 낮아지면서 2023년에는 1.20명으로 떨어졌습니다. 출생아 수 또한 계속해서 감소하고 있으며, 이는 일본 정부가 더욱 강력하고 지속적인 저출산 대응책을 필요로 한다는 것을 시사합니다. 결론적으로, 일본은 다양한 정책을 통해 저출산 분제에 대응하고 있으나, 출생아 수 감소 문제는 여전히 심각한 상황입니다. 장기적인 관점에서 보다 혁신적이고 효과적인 정책이 필요하며, 특히 사회 전반적인 인식 변화와 문화적 변화가 동반되어야 할 것입니다.

스웨덴은 GDP 대비 가족관계 정부지출이 OECD 국가 중 가장 높습니다. 가족관계 정부지출은 어떻게 운영되나요? 높은 가족관계 정부지출이 높은 출산율로 이어지고 있나요?

Hyunjoo Kim Karlsson 스웨덴 정부의 재정지출 분야 중 가족·아동 사회안전망 부분은 아동수당, 육아휴직수당, 장애아동 돌봄 지원 등 일곱 가지 항목으로 이루어져 있습니다. 현재 스웨덴의 가족·아동 사회안전망 정책은 일부 항목의 경우 1940년 이후, 다른 일부 항목은 1970년대에 도입한 후 점진적인 제도 보완을 거쳤고, 1990년 이후로는 큰 변화 없이 이어지고 있습니다.

[표 6-1]은 지난 10년간 이 항목의 재정지출 총액과 GDP 대비 지출 비율을 보여주고 있습니다. 표에서 볼 수 있다시피, 지난 10년간 이 항목의 재정지출 추이에 큰 변화는 없으며, 이는 2000년도 이후 꾸준히 지속된 양상입니다.

재정지출 항목 중 일부인 육아휴직수당 수급과 관련하여, 스웨덴 정부는 노동시장에서 양성평등의 제고를 위한 제도 보완을 지속해 왔습니다. 이 결과 1974년 0.5% 수급으로 그쳤던 남성 육아휴직수당 수급률은 2022년에는 약 30%로 증가하였습니다. 스웨덴 육아수당은 자녀 한 명당 480일 동안 지급될 수 있는데, 최초 390일은 자신이 받던

표 6-1 **가족 및 아동부분 사회안전망 분야**(Financial security for families and children) **중앙 정부 지출액 및 GDP 대비 지출 비율**(2014~2022)

연도	2014	2016	2018	2020	2022
예산총액 (크로나, 십억)	81	87	97	103	101
GDP 대비 비중(%)	8.16	7.90	8.83	9.41	9.21

출처: 스웨덴 정부 홈페이지(https://www.regeringen.se/)

급여의 80%대에 해당하는 수당을(상한액과 하한액이 규정되어 있습니다) 받을 수 있으며, 이후 90일은 하루 180 스웨덴 크로나(한화 22,142원)가 지급됩니다.

스웨덴 아동수당은 16세 이하 아동 한 명당 매달 1,250크로나가 (약 15만 원) 지급되며 자녀의 숫자가 늘어날수록 추가수당이 지급됩니다. 어린이집 비용은 첫째 아이의 경우, 가구 소득의 3%가 부과되지만, 이 또한 납부 상한액이(1,645크로나, 약 20만 원) 정해져 있습니다. 둘째, 셋째 아이의 경우에는 상한선이 더욱 낮아집니다. 의무교육을 포함하여 대학 교육은 전액 무료이며 고등교육을 받는 모든 학생은 학업 보조금 도(주당 약 3,000크로나; 37만 원 상당으로 정규 학생에 해당) 받습니다. 의료 비용의 경우, 18세 이하의 아동과 청소년은 1차 의료기관(한국의 보건소 와 유사)이 무료이며 의사 처방을 받은 약제비 또한 무료입니다. 장기치 료 혹은 중증 치료가 필요한 경우에는 진료비와 약제비를 합한 연간 부 담 상한액(1,300크로나, 대략 16만 원) 정도를 내면 됩니다.

아동 양육과 부모의 직장생활 병행에 있어서, 신생아·영아 시기 육아 휴직 기간이 지난 후에도 어려운 점은 있습니다. 갑자기 영·유아 기의 아이가 발열, 복통, 설사 등의 증상으로 등원 혹은 등교하지 못하

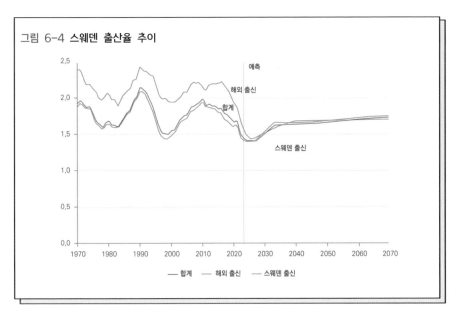

그림 6-4 스웨덴 출산율 추이

예측

해외 출신

합계

스웨덴 출신

— 합계 — 해외 출신 — 스웨덴 출신

출처: 스웨덴 통계청(www.scb.se).

는 경우가 있는데요, 부모 중 누군가가 갑자기 출근을 못 하게 되는 상황이 발생하기 때문이지요. 스웨덴에서는 8개월 이상 12세 이전의 아동이 일시적 질병으로 인하여 육아 및 교육시설에 가지 못할 경우, 집에서 아이의 돌봄을 맡아야 하는 부모가 이를 사유로 직장에 휴가를 신청할 수 있습니다. 아동의 질병 증상의 발현은 시기를 예측할 수 없기에, 이로 인한 휴가 신청은 휴가 당일 오전 혹은 하루 전에 이루어지는 것이 보통입니다. 아동 돌봄 휴가 신청과 이의 수락 여부에는 부모 직장의 근무 여건(인력 여건 및 업무 내용 공유 정도)과 동료들 인식 전반을 아우르는 업무환경이 중요하게 작용합니다. 대부분의 스웨덴 직장에서 아동돌봄 휴가 신청은 매우 빈번히 볼 수 있으며 이에 대한 동료들 간의 이해도도 높은 편이라고 할 수 있겠습니다.

스웨덴은 여성들의 노동시장 진출이 활발하게 이루어졌던 1960~70년대에 출생률 하락을 경험하였으며, 위에서 다루어진 가족·아동 관련 부분 정책과 제도 개혁을 통해 1980년대에는 출생률 반등에 성공하였습니다. 그러나 1990년대 초중반, 스웨덴의 경기 침체 시기와 함께 출생률은 다시 내림세를 보이다가 2000년대 이후 다시 증가세로 돌아섰습니다. 2010년에는 출생률이 여성당 1.98명까지 상승했으나 그 이후로는 꾸준한 내림세를 보이면서, 가장 최근인 2023년에는 출산율이 여성당 1.45명으로 감소하며 지난 20여 년 중 가장 낮은 수치를 보이고 있습니다. [그림 6-4]는 스웨덴 통계청에서 발표한 스웨덴 출산율과 장기 예측 수치를 보여줍니다. 비스웨덴 출생 여성이 스웨덴 출생 여성보다 높은 출산율을 갖고 있어 왔습니다. 그러나 이 두 집단의 출산율은 결국 수렴할 것으로 예측됩니다.

스웨덴은 최근 10여 년간 출생률의 지속적인 하락을 경험하였습니다. 이는, 가족과 아동 관련 복지 정책으로는 설명하기 어렵습니다. 이 분야의 지속적인 정책 추진에도 출생률은 2010년 이후 자꾸 하락했기 때문입니다. 스웨덴의 인구통계학자들은 최근의 출산율 하락의 원인을 지난 10년간 이어진 미래에 대한 불확실성에서 찾고 있습니다. 과거의 불확실성이 경기 변동성과 고용환경에 국한됐다면, 최근 10년간의 불확실성은 경기와 고용환경의 불확실성뿐만 아니라 국제 정세의 불확실성, 기후 변화 관련 위기 그리고 스웨덴 내의 강력 범죄 증가 등이 혼재된 매우 포괄적인 불확실성을 의미합니다.

스웨덴 정부는 현재의 출산율을 아직은 심각한 위기 상황으로 받아들이고 있지 않으며 단기 변동 여파로 보는 측면도 있습니다. 예를 들면, 2021년 전후의 출산율 감소는 코비드 백신 접종이 미친 영향이라고 볼 수 있기 때문입니다. 또한, 1980년대 후반 1990년대 초반 상승하였던 출산율이 인구구조에 끼친 영향으로 현재 가임여성 숫자가 증가하고 있다는 것 또한 스웨덴의 출산율이 다시 상승할 수 있다는 기대를 주고 있는 요소이기도 합니다. 그러나 출산율 하락 양상이 지속될 가능성도 배제할 수는 없으며, 이 경우 인구구조변화와 복지 시스템에 가져올 충격 등 사회 전반에 미칠 부정적 영향에 대한 고민과 대처가 필요한 상황이라고도 할 수 있습니다.

유럽의 경우 비혼 가구에서의 자녀 출산이 자연스러운 현상으로 받아들여지고 있고 혼외 출생자에 대한 차별도 없다고 하던데요. 이에 관련한 스웨덴의 실태는 어떤가요?

Hyunjoo Kim Karlsson 위의 질의에 답하기 위하여 유럽연합 통계청(Eurostat) 자료를 인용하겠습니다. 이 자료에 따르면, 스웨덴에서는 결혼하지 않은 상태로도 가정을 이루고 함께 생활하는 것이 흔합니다. 2011년 초에는 스웨덴에서 20세 이상 인구 130만 명이 결혼하지 않은 상태로 다른 사람과 함께 살고 있었으며, 이는 해당 연령 그룹의 약 18.3%에 해당하는 모든 EU 국가 중 가장 높은 숫자입니다.

이 통계에 따르면 스웨덴 대부분의 아이는 혼외 출생자였으며, 이는 1993년 이후로 계속됐습니다. 그러나 2000년 이후로는 혼외 출생 아동 비율이 상대적으로 안정적으로 감소하는 추세를 보인다고 합니다 (그러나 유럽 전반에서는 혼외 아동 출생 수가 증가 중). 2013년 기준 스웨덴에는 혼인 관계에 있지 않은 엄마가 낳은 아이의 비율이 54.4%였으며, 이는 EU 평균인 약 40%를 웃돕니다. 엄마와 아빠가 처음 가족을 형성하는 아이들만을 대상으로 살펴보면, 혼외 출생 아이의 비율은 60% 이상입니다.

위의 데이터에서 볼 수 있듯이, 스웨덴뿐만 아니라 여타 유럽 국가들에서는 비혼 가구 자녀 출산이 자연스럽게 이루어지고 있습니다. 유산 상속, 재산 분할 등 일부 법적 다툼이 있을 수 있는 사안만 혼인 여부가 영향을 미칠 뿐입니다. 출산 및 양육 전반에 걸친 제도와 혜택에는 비혼 가구와 혼인 가구의 차이가 없으며 사회적 인식도 마찬가지라고 할 수 있습니다.

헝가리는 출산 장려를 위해 획기적 정책을 시행하고 있고, 성과도 거두었다고 하던데요. 헝가리에서는 출산 장려와 관련해서 어떤 정책이 제시되었나요?

이강호 헝가리는 1950~60년대에도 다른 세계 국가들에 비해서 비교적 낮은 출생률을 기록하고 있었습니다. 합계출산율이 2명대 수준이다가 1960년대에는 인구대체율 수준 2.1명 이하로 내려갔습니다. 1974년에 2.29명으로 회복된 다음 1978년부터 현재까지 2.1명 이하 수준을 유지하고 있습니다. 공산주의 붕괴 여파로 1997년 1.38명 수준으로 내려간 이후 2011년에 1.24명으로 가장 낮은 수준으로 내려갔습니다. 헝가리도 동유럽 지역의 공산주의 붕괴 이후 중앙아시아 및 동유럽 국가에서 나타나는 저출산 현상이 크게 나타났습니다. 최저수준으로 내려갔던 2011년 이후 적극적인 저출산 극복정책으로 서서히 증가하기 시작한 이후 2021년 1.59명까지 증가하였습니다([그림 6-5] 좌측 패널 참조). 이는 OECD 평균(1.58명)보다 높은 수치입니다. 한국보다는 2002년(1.31명) 같은 수치를 기록한 이후 훨씬 높은 수준입니다. 그러나, 2022년 1.52명, 2023년 1.50명으로 다시 낮아지는 현상을 보이고 있으나, UN 전망에 의하면 향후 합계출산율은 현재 수준에서 유지될 것으로 보입니다.

인구도 1961년 1천만 명이 넘은 이후 2009년까지 1천만 명을 유

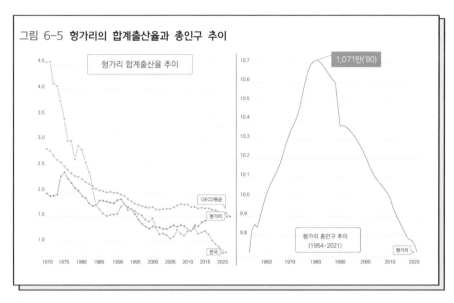

그림 6-5 헝가리의 합계출산율과 총인구 추이

자료: OECD data('24.6.23.).

지하였습니다. 1980년 1,071만 명으로 인구 정점에 이른 이후 감소하기 시작하여, 2010년에 1천만 명이 무너지면서 2022년 964만 명까지 서서히 감소하였습니다. 이는 69년 전인 1953년 인구(960만 명)와 비슷한 수준입니다([그림 6-5] 우측 패널 참조). 헝가리 정부의 저출산 극복 대책 영향으로 감소 현상이 완화되었다고 평가받고 있습니다. 그러나 인구감소 현상을 피할 수 없으며, 다른 OECD 국가에 비해 감소폭이 낮다는 것뿐입니다. UN 전망에 의하면 2045년까지 900만명 이상을 유지하고, 2097년까지 700만 명대를 유지할 것으로 보입니다.

　　헝가리의 저출산 극복정책을 보도록 하겠습니다. 헝가리의 저출산 대응 정책은 유럽 내에서도 특별한 접근 방식으로 주목받고 있습니다. 이 정책은 오르반 총리가 2010년 재집권한 이후 더욱 강화되었으며, 순

혈주의와 반이민 정서를 포함한 독특한 철학에 기반을 두고 있습니다. 오르반 정부는 저출산 문제를 국가의 미래와 직결된 중대한 문제로 인식하고, 이를 해결하기 위한 다양한 정책을 시행하고 있습니다. 이러한 정책들은 주로 가족지원 체제 강화, 주택지원 정책 확대, 금융 인센티브 제공, 보육 및 세금 혜택 등으로 구성되어 있습니다.

첫째, 가족지원 체제 강화입니다. 헝가리 정부는 가족을 국가 발전의 핵심 요소로 보고, 다양한 가족지원 프로그램을 통해 출산과 양육을 장려하고 있습니다. 이러한 지원은 금융적 혜택, 보육 서비스 확대, 세금 감면 등 다방면에 걸쳐 제공되며, 가족이 경제적 부담 없이 자녀를 양육할 수 있는 환경을 조성하는 데 중점을 두고 있습니다.

둘째, 주택지원 정책을 획기적으로 시행하고 있습니다. 헝가리는 자녀 출산과 관련해 주택 구입 대출인 CSOK(Family Housing Benefit) 및 2024년부터 시행된 CSOK PLUS 프로그램을 통해 획기적인 주택지원 정책을 운영하고 있습니다. 이 프로그램은 산모의 나이가 41세 이하일 경우, 자녀 수에 따라 최대 5,000만 포린트(HUF, 헝가리 화폐단위)의 대출을 받을 수 있으며, 자녀 출산 시 대출 상환 조건이 완화되고 양도소득세 면제 등의 혜택을 제공합니다. 자세한 내용을 살펴보면, 산모가 41세 이하인 경우 주택대출을 신청할 수 있는데, 한자녀인 경우 1,500만 포린트(약 6,000만 원), 두 자녀인 경우 3,000만 포린트(약 1억 2천만 원), 세 자녀 이상인 경우 5,000만 포린트(약 2억 원)을 대출받을 수 있습니다. 한 자녀가 태어나면 대출 상환이 1년 동안 중단(이자만 상환)되고, 둘째 이후부터는 대출 원금이 한 명당 1,000만 포린트씩 탕감(약 4천만 원)됩니다. 또한 주택 구매에 따른 양도소득세 전액(4%)을 면제받습니다.

셋째, 가족수당(family allowance), 대출금 지원 등 현금 지원입니다. 헝가리 정부는 가족들이 경제적으로 안정감을 느끼고, 더 많은 자녀를 가질 수 있도록 장려하고 있습니다. 가족수당은 출생한 때부터 20세가 되는 학년 말까지 지급됩니다. 한 자녀당 1자 12,200포린트, 2자 13,300포린트, 3자 16,000포린트씩 지급됩니다. 아동에게 지급되는 것이 아니라 부양하는 가족에게 지급됩니다. 따라서 부모, 양부모, 수호자 등 양육을 담당하고 있는 사람에게 지급됩니다. 이에 더하여 임신 12주 이상인(30~41세) 산모 부부는 최대 1,100만 포린트(약 4,400만 원)를 대출받을 수 있는데, 첫째 출산하면 이자감면, 둘째 출산하면 원금 30% 감면, 셋째 출산하면 전액 탕감해 줍니다.

넷째, 보육 및 세금 혜택입니다. 헝가리는 보육 서비스 확대와 세금 혜택을 통해 부모가 직장과 가정생활을 조화롭게 병행할 수 있도록 지원하고 있습니다. 보육 시설의 접근성을 높이고, 양질의 교육을 제공함으로써 어린이들이 좋은 환경에서 성장할 수 있도록 하고 있습니다. 3세부터 유치원 의무교육 제도 실시, 첫 결혼 커플의 합산과세, 30세 미만 어머니 학자금 대출 상환 면제 등 다양한 제도를 운영하고 있습니다.

헝가리의 이러한 저출산 대응 정책은 다자녀 가정을 지원하고, 가족 친화적인 사회 환경을 조성함으로써 국가의 인구 문제를 해결하려는 시도라고 평가됩니다. 이 정책들은 국가의 미래를 위한 투자로서, 장기적인 관점에서 인구 구조를 개선하고 지속 가능한 발전을 도모하는 데 중요한 역할을 하고 있습니다. 특히, 다산일수록 인센티브 형식으로 더 많은 혜택을 부여함으로써 다산 가능성을 높여주고 있습니다. 이러한 다양한 정책은 심각한 저출산을 겪고 있는 우리나라에 많은 시사점을 주고 있다고 볼 수 있습니다.

이스라엘은 선진국으로서의 모든 특징을 갖고 있는데 특이하게도 저출산 문제를 겪고 있지 않습니다. 그 배경에는 어떤 이유가 있나요?

Daphna Birenbaum-Carmeli 여성 1인당 약 3명의 자녀를 둔 이스라엘의 출산율은 OECD 최고 수준으로, OECD 평균 여성 1인당 1.58명의 자녀보다 약 2배 높습니다. 이스라엘의 예외적인 출산율은 매우 특별한 세 가지 역사적 및 현대적 요인에 기인합니다.

첫째, "많이 낳고 번성하라"라는 계명은 성경에 등장하는 첫 번째 칙령으로 종교를 믿건 안 믿건 많은 유대인이 따르고 있습니다. 일부 유대 종교 지도사는 딸 한 병과 아들 한 명으로 계명을 이행하면 족하다고 주장하는 반면, 다른 지도자는 유대인 집단의 지속성에 이바지하는 측면에서 어린이가 많을수록 좋다고 주장합니다.

둘째, 유대인들을 대량 학살하고 유대인들에게 깊은 상처를 남긴 홀로코스트의 트라우마도 주요 원인입니다. 제2차 세계대전 당시 유럽에서 150만 명의 어린이를 포함해 당시 유대인의 3분의 1가량(600만 명)이 학살된 후, 출산은 역경 가운데 지속해 생존하는 유대인 집단의 표상이 되었습니다. 이후 출산은 개인적으로나 집단으로 깊은 의미를 갖게 되었습니다.

셋째, 근처에 있는 적대적인 이슬람 국가들을 지역 유대인에 대한 지속적인 위협으로 간주해 온 가운데 이스라엘은 인구 면에서 약자라는 인식을 가져왔습니다. 이러한 인식은 건국 이래 반복되는 전쟁에 대해 이스라엘이 항상 두려움을 느끼게 했으며, 이러한 요인으로 이스라엘 부모들이 더 많은 자녀를 갖게 했을 가능성이 있습니다.

이 세 가지 요인에 의한 출산에는 개인적, 집단적 의미가 모호하게 공존하고 있습니다. 종교적 계명, 홀로코스트 트라우마, 정치적 상황은 출산이 유대인 집단에 대한 기여와 함께 개인이 사회적으로 성숙했다는 것을 보여주는 의미를 갖게 합니다. 아이들은 유대인 미래에 대한 상징이자 보증인으로서 축복받으나, 동시에 유대인이 처한 위험성과 이의 극복 가능성을 시사하기도 합니다. 결과적으로, 사회적 분위기는 가정 친화적입니다. 부부가 미래에 아이를 가지라고 축복하는 일이나, 신혼부부뿐 아니라 그들의 부모와 형제자매에게도 부부가 언제 출산할 것이냐고 질문하는 일도 흔합니다. 출산에 대한 축하는 특히 따뜻합니다. 더구나 부부가 아이를 한 명 혹은 두 명 두고 있을 때, 이전보다 다소 빈도가 낮더라도 아이를 더 가질 것이냐고 묻기도 합니다. 전통적이나 종교적인 모임에서 이러한 질문은 더할 나위 없이 정상적으로 받아들여집니다. 대가족은 이상적인 가족의 모습으로 여겨집니다. 또한 미디어에서는 종교색이 옅은 유명 인사조차 대가족을 아이들과 삶에 대한 열정의 상징으로 자랑하곤 합니다. 이스라엘에 있는 게이와 레즈비언 커플 또한 해외에 있는 동성애자들보다 아이를 가질 가능성이 더 높으며, 선택에 의한 미혼모 출산 또한 최근 몇 년 동안 급증했습니다. 자발적으로 아이를 갖지 않은 이스라엘인들은 종종 '이기적'이라고 비판받습니다. 일부 유대인 공동체에서 여성은 가족 크기를 놓고 암묵적으로 경쟁하며, 더 큰 가족이 더 큰 종교적 헌신을 의미한다고 주장합니다. 종교색이 짙은 공동체에서 이러한 성향이 더 강하게 나타납니다. 초 정통(ultra-orthodox) 공동체에서는 수많은 아버지가 생업에 종사하지 않은 채 성경을 연구하는 데 온 정신을 쏟는데, 여기에서 물질적 금욕주의는 추앙의 대상입니다. 물질적 빈곤은 겸손과 정신적 미덕의 상징으로 해석되어 이러한 공동체에서 가족 규모를 결정할 때 합리성과 경제적 자원의 유무는 고려 대상이 아닙니다. 그렇다고 이러한 가정의 유대인 이스라엘 여성들이 교육받지 못한 것은 아닙니다. 그들은 다른 OECD 국가의 여성들 못지않게 높은 교육 수준을 갖고 있고 현지 노동 시장에 깊이 참가하고 있습니다.*

이 예외적인 출산 환경을 장려하고 지속시키는 실제 국가 메커니즘은 무엇일까요? 상징적인 차원에서, 이스라엘은 매년 유대인의 새해(9월경), 새해(1월 1일), 그리고 이스라엘의 독립기념일(5월)에 열리는 세 차례의 축제 행사에서 지역 인구 규모에 대한 최신 정보를 발표합니다. 이러한 행사에서 이스라엘 중앙 통계국은 지난 한 해 동안 이스라엘에서 태어난 아기들의 수, 유대인 아기들의 수, 그리고 이민자들(모두 유대인이거나 유대인 이스라엘의 파트너들)의 수를 현재의 인구 규모에 합산해 인구 규모를 발표합니다.

미미해 보이기는 하지만 실질적이고 물질적인 차원에서 몇몇 국가 정책들은 출산의 중요성에 대한 분명한 메시지를 전달합니다. 값비싼 체외 수정 등 출산 치료는 공공 의료 보험에 의해 45세까지 또는 현재

---

* Daphna Birenbaum-Carmeli (2021) Israeli demography: a composite portrait of a reproductive outlier, *Israel Affairs,* 27:6, 1053-1081, DOI: 10.1080/135371 21.2021.1992222.

의 파트너와 함께 두 명의 살아있는 아이를 가질 때까지 모든 여성에게 무료로 제공됩니다. 출산 치료에 대한 이러한 관대한 지원은 세계적으로도 비할 데가 없습니다.

이스라엘은 대리 출산과 관련해 두드러진 정책을 시행 중입니다. 이스라엘은 상업적 대리 출산을 공적 자금으로 지원하지는 않지만, 법적으로 허용한 첫 번째 국가입니다. 또한 태아기 선별 검사도 가능하고 관련된 재정지원도 충분하게 이루어지고 있습니다. 이러한 검사 자체가 출생률을 올리지는 않지만, 임신과 출산의 중요성을 강조하고 이 분야에 할당된 풍부한 국가 보조금을 홍보함으로써 출산이 차지하는 국가적 중요성을 국민에게 알리는 역할을 합니다. 유대인 또는 그들의 친척인 이민자들에게 물질적 지원을 확대하는 것도—비록 출산율과 직접적인 관련은 없지만—유대인 집단의 취약성을 각인시키고 점점 더 많은 사람을 추가하여 유대인 집단을 확대하는 것이 절실하다는 메시지를 재확인시킵니다.

그러나 일단 아이가 태어나면 정부는 아이의 양육에 약간의 물질적인 기여만을 제공합니다. 유급 출산 휴가는 짧고(14주), 아동 수당은 적으며(한 달에 아이당 약 50달러), 교육 보조금은 세 살 때부터 지급되고 아이의 최초 교육에는 큰 비용이 듭니다. 나중에 '무상 교육'이 제공되지만, 이 또한 상당한 부모의 기여를 수반합니다. 자녀 세금 공제도 크지 않습니다. 이스라엘 사람들은 두터운 국가의 지원이 없더라도 더 큰 가족을 추구할 정도로 부모 역할에 충분한 관심을 두고 있습니다.

마지막으로 지금까지의 논의를 요약하고 높은 출산율이 가져오는 부작용도 언급하고자 합니다. 이스라엘의 높은 출산율은 여러 비교 수

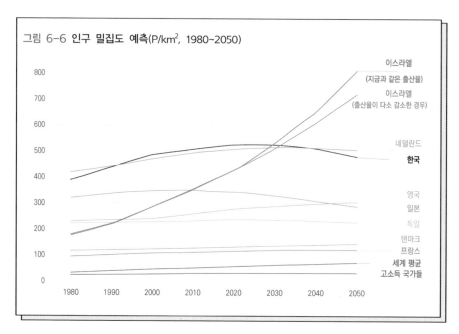

그림 6-6 **인구 밀집도 예측(P/km², 1980~2050)**

출처: https://population.org.il/en/

치에서 시사하는 바와 같이 분명히 지역 공동체적 요소를 가지고 있습니다. 미국에 있는 같은 수준의 종교성을 갖는 유대인 공동체와 비교해 보면, 세속적, 종교적, 초 정통적인 유대인 이스라엘인들 모두 미국 유대인보다 더 많은 자녀를 가지고 있습니다. 마찬가지로 구소련에서 온 유대인 이민자들은 이스라엘에 더 오래 살수록 더 높은 출산율을 보이고 있습니다. 이 모든 공동체는 성경 계명, 홀로코스트 트라우마, 이스라엘의 정치적 상황을 공유하고 있습니다. 이스라엘의 높은 출산율은 지역 사회와 사회적 분위기의 중요성을 반영하는 현상입니다.

2%가 넘는 인구 성장률은 많은 지역적 문제점을 수반합니다. 인구 증가는 공공 서비스의 부족을 초래하고 있습니다. 도로는 막히고, 학생

들의 학업 성취도는 점점 내려가서 지금은 OECD 국가 중 하위권에 속해 있고, 주택가격은 텔아비브가 2022년 세계에서 가장 비싼 도시가 될 정도로 상승했습니다. 의사, 버스 운전사, 교사, 판사, 경찰 등 많은 직업 분야에서 인원 부족 현상이 나타나고 있습니다. [그림 6-6]에서 보듯이 다가올 10년에 이스라엘은 가장 인구 밀집도가 높은 국가가 될 것으로 전망됩니다. 한국의 인구 밀집도보다도 60% 정도 높을 것으로 보입니다. 앞으로 10년이 이스라엘이 어떤 방향으로 갈지 규정지어 줄 것 같습니다.

한국의 저출산
극복 방안

● ● ●

저출산 극복을 위해서 정부와 기업이 합심하여 노력해야 합니다. 정부는 이미 출산·출산예정 가구에 대한 주거 지원, 출산·출산예정 여성에 대한 경제적·제도적 지원, 사교육비 경감을 위한 지원, 남녀의 육아휴직제도 도입을 통해 저출산 극복을 위해 노력해 왔지만, 그간의 성과를 평가해 보다 효과적인 정책을 수립해야 합니다. 또한 혼인에 대한 인식이 바뀌고 있는 현실을 고려하여 정부와 국회는 비혼가구에 대한 법률적·제도적 차별 철폐를 정책목표로 설정해야 합니다. 정부의 저출산 극복을 위한 정책 중 기업의 협조가 절실한 부분이 있습니다. 기업도 저출산이 결국 자신의 문제란 점을 인식하고 저출산 극복을 위해 많은 노력을 경주해야 합니다.

저출산을 해결하기 위한 여러 가지 방법이 제시되고 있는데요. 우선 출산 · 출산 예정 가구에 대한 주거지원의 현황과 효과에 대해 어떻게 생각하세요?

김수민　정부는 2006년에 저출산 대책을 처음 수립하였을 때부터 주거지원의 중요성을 인식하고 있었습니다. 그 동안 정부는 저출산 대책의 일환으로 청년과 신혼부부, 다자녀 가구 등을 대상으로 공공임대주택을 제공하거나 전세금 주택구입비 대출을 지원해왔습니다. 대표적인 주택공급 정책으로는 행복주택, 다가구매입임대, 통합공공임대 등이 있고, 대출지원 정책으로는 전세임대융자, 신혼부부 대출 등이 있습니다.

위 정책들은 포괄성과 저출산 정책으로서의 실효성이 떨어진다는 지적이 있습니다. 우선 임대주택은 주택의 위치나 평형 등 선택의 폭이 매우 제한적이어서 출산가구의 수요 자체가 크지 않습니다. 특히 신혼부부를 대상으로 하는 행복주택은 2017~2020년 기간에 6개월 이상 공가인 주택이 최대 8.2%에 달했습니다. 공가율은 면적이 작은 주택일수록 높았는데, 특히 20~40m²의 작은 평수는(약 6~12평) 공가율이 20~30%에 달하고 청약 경쟁률도 100%에 미달했습니다.[*]

---

[*] 김우림(2021), "저출산 대응 사업분석 평가", 국회예산정책처.

전세임대융자나 신혼부부 대상 주택구입비 대출제도 등도 계약을 체결할 수 있는 주택의 전세금이나 가격이 과도하게 낮게 책정되어 있거나 저소득층만 대상으로 하는 경우가 많아 혜택을 볼 수 있는 예비출산 가구가 많지 않았습니다. 신혼부부 전세임대 계약현황을 보면 2020년에 지원 대상자로 선정되었지만 전세금 한도를 초과하여 계약을 체결하지 못한 경우가 50%에 달하는 것으로 나타났습니다.

따라서 주거지원 정책을 강화하려면 수요가 많지 않은 직접 공급 정책보다는 주택마련자금 저리대출 정책을 확장하는 방향으로 가야 합니다. 특히 현재 출산율이 감소한 계층이 소득 중위층인 만큼, 저소득층에만 집중하기보다는 소득조건과 주택가격 제한을 완화하여 중산층도 충분히 혜택을 볼 수 있게 해야 출산율 제고에 도움이 될 것입니다. 기존의 주택지원 정책들은 원래 저소득층을 위해 고안되었고 저출산 대책에 편입된 정책이기 때문에 근본적으로 다시 검토할 필요가 있습니다.

그런 관점에서 2024년 1월부터 시행된 출산가구 주거지원 대책은 자녀를 출산한 신혼부부에게 혜택을 집중할 뿐만 아니라 기존 저소득층 프레임에서 벗어나 포괄성을 늘린 시도입니다. 기존의 신혼부부 대상 주거지원책은 5년 이내에 혼인신고를 한 부부이면 지원 가능했던 반면에, 이번 출산가구 주거지원 대책은 최근 2년 내에 출산예정이거나 임신증명이 가능한 가구에 대해 지원이 가능하고 지원자의 혼인 여부는 상관이 없습니다. 이는 저출산해소를 위한 주거지원책의 파격적인 변화라고 볼 수 있습니다.

이번에도 주택공급 정책(공공분양, 민간분양, 공공임대)은 저소득층을 지원하는 데 집중하였지만, 주택관련 금융지원 정책(구입, 전세대출 지원)은 이전의 소득제한을 완화하여 중산층 출산가구까지 폭넓은 지원을 받을 수 있게 했습니다. 기존의 대출정책에서는 신혼부부 합산 소득이 7천만 원 이하여야 했지만, 2024년부터는 출산가구 소득이 1.3억 이하이면 모두 혜택을 받을 수 있게 제도가 변경되었습니다. 또한 주택가격 제한도 6억에서 9억으로, 전세금 제한도 4억에서 5억으로 상향 변경되어 계약할 수 있는 주택선택의 폭도 넓어졌습니다.

이런 개선된 부분들이 지원책의 실효성을 높여주었고, 국토교통부에 의하면 정책 실행 3주 만에 1만 3천여건의 대출 접수(약 3.4조 원)가 진행되었습니다. 짧은 기간 동안 접수 건수가 많다는 것은 출산가구들이 그만큼 정부지원을 필요로 하고 있다는 것을 의미합니다. 앞으로도 출산가구에 초점을 맞추고 중산층까지 혜택을 확대하는 주거지원 정책이 출산율 회복에 더 주효할 것이라 생각됩니다.

여성들의 노동시장 참여율이 증가하고 있는데요. 일하는 여성의 출산율을 제고하려면 직장 내 출산·출산 예정 여성에 대한 지원을 강화해야 한다는 목소리가 높습니다. 구체적으로 어떤 지원이 필요하고 이를 위한 제도적 뒷받침은 어떻게 해야 할까요?

김수민 한국 여성의 연령별 노동시장참여율은 [그림 7-1]처럼 결혼·출산으로 인해 줄어드는 M자 커브로 유명합니다. 최근에는 3, 40대여성의 노동시장참여율이 각각 67.1%, 64.8%로 높아졌지만, 다른 OECD 국가에 비하면 여전히 낮습니다(예: 2022년 미국 35~44세 여성 노동시장참여율: 76.5%*). 자녀를 출산한 여성의 경력이 단절되지 않으려면 성평등한 일·가정양립 정책의 정착이 필수적입니다.

한국의 일·가정양립 제도가 많이 발전해오긴 했으나 아직 사각지대가 많아 포괄성이 부족하다는 지적이 많습니다. 출산 예정 여성을 위한 정책은 임신기 근로시간단축, 출산전후 휴가제도, 배우자출산휴가 및 모성보호제도가 있으며, 출산한 여성을 위한 정책은 육아휴직, 육아기 근로시간 단축, 유연근로제도 및 가족돌봄휴직제도 등이 있습니다.

정부는 출산 및 육아관련 휴직 기간의 급여를 지원하기 위해 예산

---

* 미국 Bureau of Labor statistics 통계 참조
  https://www.bls.gov/emp/tables/civilian − labor − force − participation − rate.htm

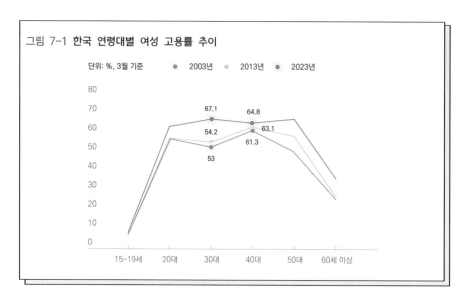

그림 7-1 한국 연령대별 여성 고용률 추이

단위: %, 3월 기준   ● 2003년   ● 2013년   ● 2023년

67.1
64.8
54.2
63.1
61.3
53

80
70
60
50
40
30
20
10
0

15~19세   20대   30대   40대   50대   60세 이상

출처: 통계청.*

을 늘려왔지만 아직 출산휴가나 육아휴직 이용률은 낮은 편입니다. 2021년 기준 우리나라에서 출생아 100명당 유급 출산휴가를 사용한 사람은 26.1명으로, 다른 OECD 국가들의 사용률이 출생아 100명당 약 60명인 것에 비해 매우 낮았습니다.** 육아휴직 사용자 또한 출생아 100명당 여성은 48.0명, 남성은 22.7명이었는데 이 수치는 특히 다른 OECD국가에 비해 현저히 낮습니다. 예를 들어 독일은 육아휴직 사용자가 출생아 100명당 여성 175.6명, 남성 59.3명이었고, 스웨덴은 여성 409.0명, 남성 348.8명이었습니다(육아휴직을 나눠서 사용하는 것을 개별 사용자로 계산하였습니다).

한국의 육아휴직은 근로자로서 고용보험 피보험자이면서 피보험

---

* 　그래프 디자인: https://www.joongang.co.kr/article/25160831#home
** 국회예산정책처(2023), "중장기 재정현안 분석 인구위기 대응전략 3. 저출산대응전략".

단위 기간이 180일 이상인 경우에만 사용이 가능합니다. 기업 규모로는 대기업일수록 이용률이 높고 업계로는 공공행정업이나 보험 금융업에 종사하는 여성의 육아휴직 사용률이 높습니다.* 따라서 현재 우리나라는 육아휴직 이용률이 낮은 점을 개선하는 것이 매우 중요합니다. 아무리 제도의 혜택이 많아도 소수만 이용한다면 전반적인 출산율을 끌어올리는 데 도움이 되지 않기 때문입니다.

또한 우리나라 육아휴직제도의 특징은 기간이 긴 대신에 소득대체율이 낮다는 것입니다. 2024년 기준 한국에서 법적으로 자녀 1명당 부모가 각각 1년씩 육아휴직을 사용할 수 있습니다. 이는 스웨덴의 부모 합산 480일이나 OECD국 평균 32주(224일)보다 깁니다. 반면에 육아휴직 기간에 받는 급여의 소득대체율은 낮은 편입니다. 첫 3개월 동안에는 통상임금의 80%(상한 150만 원), 그 이후에는 통상임금의 50%(상한 120만 원)을 받습니다. 스웨덴의 경우는 13개월 동안 임금의 77.6%(상한 약 480만 원)를 보전받을 수 있고 독일의 경우에도 10개월 동안 66.7%를 (상한 약 260만 원) 받을 수 있습니다. 소득대체율이 낮으면 생활비가 부족해 복직 시기를 앞당기거나 다른 일을 해야 하기 때문에 육아휴직의 취지인 육아에 전념하기 어렵습니다.

또한, 육아휴직 기간이 긴 점은 긍정적이나 오래 쉴수록 직장으로의 복귀를 어렵게 만들어 경력단절을 유발하는 리스크로 작용하기도 합니다. 특히 여성의 경우 육아휴직 기간에 전혀 일을 하지 않는 것보다 근로시간을 단축하여 일하는 것이 경력단절 리스크 예방에 더 긍정적일 수 있습니다. 실제로 프랑스, 스웨덴, 독일의 경우 육아휴직 기간

* 통계청(2023.12.20), "2022년 육아휴직통계 결과(잠정)".

에 근로자가 원하면 근로시간을 줄이거나 주당 근로일수를 줄이는 방식으로 일을 할 수 있게 되어 있습니다. 따라서 육아휴직 기간을 추가로 늘리기보다는 육아기 근로시간 단축제나 유연근로제도가 정착될 수 있는 방향으로 가는 것이 워킹맘에게 더 도움이 될 것입니다.

저출산의 원인의 하나로 청년층의 고용불안이 지목되는데요. 저출산 극복을 위해 청년 취업에 대한 정책적 지원을 해야 할까요?

김수민　청년세대에게 현재 노동시장 상황이 낙관적이지 않은 것이 사실입니다. 경제가 저성장국면에 접어들어 성장에 따른 일자리 증가 정도가 현저히 낮아졌고, 기업들도 대규모 공채보다는 수시로 소규모 경력직 채용을 하는 경향을 보이고 있습니다.* 양질의 일자리 규모 자체가 감소하고 있고, 노동시장의 이중구조화로 인해 고용형태, 기업규모, 직종에 따라 임금과 고용안정성에 격차가 존재하는 실정입니다.

청년층이 선호하는 일자리는 대기업이나 공공부문 정규직인데 이런 유형의 일자리는 전체 일자리의 20% 수준입니다.** 첫 직장의 특성에 따라 장기적인 임금 수준과 고용 안정성이 결정되는 경향이 있어 취직에 실패하면 첫 입직이 계속 지연되는 현상도 나타납니다. 이러한 어려움들은 청년세대의 문제라기보다는 노동시장과 경제전체의 구조적인 특성에 기인하는 것이기 때문에 청년들의 취업에 관련해서 정책적 도움이 필요합니다.

---

* 이상준 외(2023), "공채의 종말과 노동시장의 변화", 한국노동연구원.
** 제4차 저출산고령사회기본계획(2021－2025).

한국경제가 저성장 단계이긴 하지만 4차 산업 등 앞으로 유망한 산업에는 일자리가 확장될 전망입니다. 청년들이 일자리가 많이 생길 수 있는 산업에 진출할 수 있도록 중고등학교 때부터 미리 유망산업과 필요한 능력에 대한 진로교육을 실시하고, 직업능력개발을 지원해야 합니다. 현재 고용노동부에서 실시하고 있는 K-디지털 트레이닝이 대표적인 직업능력개발 프로그램입니다. 디지털과 그린분야, 기존 산업과 AI융합을 위해 필요한 인재 양성 관련분야 교육 프로그램에 참여할 경우 교육비를 지원하고 있습니다.

반도체나 AI산업 등 미래산업을 선점하고 인력수급에 미스매치가 생기지 않도록 직업능력개발과 고용서비스 정책을 실시하는 한편, 노동시장 이중구조 문제 해결을 위해서 노동 유연성을 제고하는 입법 및 정책적 고민도 필요합니다.

노동시장 유연성을 늘리면 새로운 일자리 창출이 촉진되어 청년취업에 긍정적인 효과가 있습니다. 정규직의 고용보호 제도를 약화시켜 해고 유연성을 증가시키면 기존 근로자들의 일자리 소멸이 용이해지지만 신규 채용의 가능성은 증가합니다. 노동 경직성을 줄이고 성과에 대한 보상체계를 마련함과 동시에 고용보험강화를 통한 사회적 안전망을 탄탄하게 구축하는 것이 청년 고용문제 해결뿐만 아니라 한국경제 전체에 도움이 될 것입니다. 특히 21세기와 같이 신기술이 빠른 속도로 개발되는 환경에서 청년들에게 능력을 펼칠 동기부여와 기회를 주기 위해서는 위와 같은 노동시장 체질개선이 필수적입니다.

만혼이 저출산의 원인 중 하나라고 주장하는 분들이 많은데요. 저 연령층 결혼 시 주거지원, 세금 감면 등 정책적 지원을 하면 좋지 않을까요?

김수민　우리나라에서 세대가 지날수록 만혼이 나타나는 이유 중 하나는 청년들이 결혼해서 가정을 꾸릴 만큼 경제적 기반을 갖추기 어렵기 때문입니다.* 실제로 현재 대한민국의 경제상황은 저성장 국면을 맞아 양질의 일자리가 계속 줄어드는 실정이며, 수도권의 주택가격은 평범한 직장인이 저축해서 구매할 수 있는 범주를 벗어났습니다. 이런 실정으로 볼 때 경제적으로 상황이 좋지 않은 청년들이 결혼을 미루는 것은 비합리적인 결정이 아닙니다.

　지금 단기적으로 국가가 할 수 있는 일은, 어느 정도 경제적 여건을 갖추고 자녀 출산 및 양육의 의지가 있는 청년들을 도와주는 것입니다. 대부분의 준비가 되었고 약간의 도움을 받으면 자녀를 키워나갈 수 있는 청년들을 돕는 데에 정책적으로 집중하는 것이 타당합니다. 그리고 이런 목적으로 이미 신혼부부나 출산가구를 대상으로 하는 주거 지원 정책이 시행되고 있습니다.

---

* 통계청(2022), "사회조사", 청년들이 생각하는 '결혼하지 않는 사람들이 결혼을 하지 않는 주된 이유'는 결혼자금 부족(33.7%), 결혼의 필요성을 못 느낌(17.3%), 출산·양육 부담(11.0%), 고용불안정(10.2%), 결혼 상대를 못 만남(9.7%) 순이었다.

저연령에 결혼을 위한 인센티브를 주는 정책을 개별적으로 시행하면, 출산을 장려한다는 국가의 정책 메시지에 혼선이 생길 뿐만 아니라 경제적 준비가 되지 않은 커플들이 결혼부터 서두를 수 있습니다. 경제적 기반이 약하면 자녀 양육도 어려울 뿐만 아니라 결혼생활도 오래 유지하기 어렵습니다. 이 역시 바람직한 상황은 아닐 것입니다.

근본적으로는 정부가 만혼 자체를 문제시할 것이 아니라 만혼을 야기시키는 사회경제적 악조건을 개선하는 데 초점을 맞춰야 합니다. 앞으로 유망한 산업에 투자해서 양질의 일자리가 많이 생겨나도록 거시적인 관점에서 대응하는 것이 중요합니다. 청년들의 결혼을 재촉한다고 해서 저변에 깔려있는 어려운 사회경제적 상황이 달라지지 않습니다. 이미 출산가구에 주거지원을 하고 있는 만큼 저연령에 결혼한 부부에게 혜택을 주는 정책을 추가로 시행할 필요는 없을 것 같습니다.

사교육비가 출산을 꺼리는 원인의 하나로 지목되고 있습니다. 한국만의 특이한 현상이지요. 사교육비 절감을 위해 저학년부터 영어교육을 공교육화하면 어떨까요? 물론 이보다 더 근본적으로 공교육을 정상화시켜 사교육이 필요 없는 환경을 만드는 것도 중요해 보이고요.

(김수민) 2023년 통계청의 초·중·고 사교육비조사 결과를 보면, 사교육비는 매년 꾸준히 증가하고 있으며 특히 부모의 월소득에 따라 지출 규모의 격차가 커지는 것으로 드러났습니다. 2023년 월소득이 800만 원 이상인 가구에서는 사교육비로 월 67.1만 원을 지출하였지만 월소득 200만 원 미만 가구에서는 월 13.6만 원을 지출하여 약 5배의 차이를 보였습니다. 한국에서는 저소득, 저학력층의 출산율 감소가 상대적으로 빠르게 진행되고 있는데, 이는 태어날 자녀를 위한 사교육비 지출 여력과도 무관치 않아 보입니다.

초·중·고를 통틀어 교과목 중에 사교육비 지출이 제일 높은 과목은 영어입니다. 초등학생들의 월평균 영어 사교육비 지출이 다른 교과목보다 4~50% 높으며, 특히 취학 전 유아를 대상으로 하는 고가의 전일제 영어유아학원이 성행하고 있습니다. 2024년 4월부터 6월까지 교육부가 전수조사한 영어유아학원 847곳의 평균 월 교습비는 175만 원에 달했습니다.

자녀의 영어실력에 대한 학부모들의 기대치가 높아지면서, 취학전부터 영어 유아학원 등을 통해 집중교육을 받은 학생들이 있는 반면에, 경제적인 이유나 부모의 무관심으로 인해 영어 사교육을 받지 못하는 학생들은 영어 수업이 시작되는 초등학교 3학년이 될 때까지 전혀 영어를 접하지 못하는 실정입니다.

이런 초저학년 학생들의 영어실력 격차를 English divide라고 하는데, 이는 아이러니하게도 사교육을 줄이고 공교육을 정상화하자는 취지에서 2014년에 제정된 공교육정상화법과 관련이 있습니다. 이 법의 시행으로 정부는 2018년부터 초등학교 1~2학년의 영어교과수업을 폐지하였고, 유치원과 어린이집에서의 영어교육도 금지하였습니다. 그 결과 영어를 중요시하는 학부모는 비싼 비용을 지불하면서라도 일반 어린이집이나 유치원 대신 전일제 영어유아학원에 자녀를 보내게 되었고, 비용을 감당하지 못하거나 영어에 특별한 관심이 없는 학부모는 정규 과정에 영어 수업이 없는 일반 기관에 보내게 되었습니다.

이 두 그룹의 아이들이 초등학교에서 만나면서 영어 교육과정에 큰 혼란이 빚어지고 있습니다. 이미 수천 시간에 달하는 영어 노출을 통해 상당한 실력을 갖춘 아이들은 초등학교 정규 영어 수업이 너무 쉽게 느껴져 흥미를 잃고, 초등학교 3학년 때 비로소 처음 영어를 접하는 아이들은 영어 수업이 너무 어렵게 느껴져 좌절감을 느낍니다.* 학교 현장에서는 학생들의 실력 격차 때문에 영어 수업의 목표 수준을 설정하기 어려운 상황입니다. 부모들의 영어 사교육 부담을 줄이고 공교육 정상화를 위해 유치원 및 초등학교 1~2학년 과정의 영어수업을 금지했

---

* 이병민(2018), "초등학교 및 입학 전 아동의 영어교육: 현실 진단과 대안", 한국교육개발원.

지만 결과적으로는 다수 아이들의 수업권을 박탈하고 학교 수업진행을 더 어렵게 만드는 결과를 초래하게 되었습니다.

지금이라도 하루빨리 초등학교 1~2학년의 영어수업을 재개해야 하며, 유치원 교육과정에도 영어수업을 포함시키는 것을 고려해야 합니다. 공교육에서 영어를 가르쳐야 저소득층 아이들도 최소한의 영어교육을 어렸을 때부터 받을 수 있고 계층에 따른 영어교육 격차를 줄일 수 있습니다. 부모들의 사교육에 대한 열망은 언제나 존재할 것이며, 공교육에서 영어를 없앤다고 사교육을 줄일 수는 없습니다.* 사교육을 줄이기보다는, 사교육을 받을 수 없는 계층의 아이들도 공교육을 통해 어느 정도 수준의 영어 실력을 갖출 수 있도록 시스템을 설계하는 것이 중요합니다.

영어교육 전문가들은 현재 초·중·고 영어 공교육 시수가 너무 적어서 이 수준으로는 노출이나 연습할 기회가 매우 적기 때문에 듣기나 말하기 수준을 향상시키기가 현실적으로 어렵다고 합니다. [표 7-1]을 보면 초3에서 중3까지의 영어 수업시간이 일주일에 2~3시간 정도밖에 되지 않습니다. 우리나라는 일상생활에서 영어가 거의 쓰이지 않는 환경(EFL, English as a Foreign Language)을 가지고 있기 때문에 영어를 제2언어로 쓰는 환경(ESL, English as a Second Language)**의 국민들보다 더 많은 영어 노출과 연습시간이 필요한데 공교육만으로는 턱없이 부족한 실정입니다.

---

* 이런 의견은 이미 다른 교육전문가들이 피력하였습니다(예: 한양대 교육학과 박주호 교수: 2021/3/11. "수능영어 절대평가 4년…난이도 널뛰고 사교육비 치솟았다" 세계일보).

** 국민들의 모국어가 따로 있지만 영어가 공용어로 사용되는 환경으로, 인도, 파키스탄, 싱가포르, 필리핀 등이 이런 환경하에 있습니다.

표 7-1 2022년 개정 초 · 중학교 교육과정 영어교과 시간배당 기준

	초등 1학년	초등 2학년	초등 3학년	초등 4학년	초등 5학년	초등 6학년	중등 1학년	중등 2학년	중등 3학년
1년 수업시간(A)	0	0	68	68	102	102	113	113	113
1년 수업주수(B)	38 주								
1주 수업시간(A/B)	0	0	1.8	1.8	2.7	2.7	3	3	3

출처: 교육부(2022.12.22.), "2022 개정 초 중등학교 및 특수교육 교육과정 확정 발표".

한때 교육부가 TOEFL과 TOEIC시험을 대체하려고 국가영어시험 (NEAT)을 개발하였지만, 사교육을 받지 않고 학교 교육만으로는 국가영 어시험에서 절대 고득점을 할 수 없다는 논란이 일었습니다. 점점 더 글로벌화되는 21세기에 의사소통 능력을 위해 실제 갖춰야 하는 영어 실력의 기준은 높지만 공교육에만 의지하면 절대 이 기준을 갖출 수 없 는 실정입니다.

이런 현실을 지시하여 저소득층 아이들도 영어를 자주 접하고 원어 민과 대화를 연습할 수 있도록 공교육 과정의 영어 수업 시간을 늘려야 합니다. 또, 방과후나 방학 때에 집중적으로 노출과 연습 시간을 늘릴 수 있도록 학교에서 양질의 영어 교습 프로그램을 저렴하게 제공할 수 있는 방법을 고민해야 합니다. 한국 공교육 12년 동안 영어교과를 충실 하게 이행하면 구사할 수 있는 영어 수준을 명확하게 제시하고, 공교육 프로그램만으로 그 수준에 도달할 수 있게 해야 합니다. 이는 많은 재원 을 필요로 할 것이나, 그만큼 공교육 내실화를 위해서 가치가 있는 일입 니다. 공교육 영어수업의 질이 상승한다면, 비싼 영어 학원을 다니지 못 하는 학생들도 초저학년부터 '영포자'(영어를 포기한 자)가 되지 않고 글로 벌한 역량을 키우는 데 도움이 되는 영어 수준을 갖출 수 있을 것입니다.

청년층은 문화 콘텐츠의 중요 수요자들인데요. 출산을 장려하는 문화 콘텐츠 개발을 정부가 지원하면 어떨까요?

김수민　저출산은 선진국이라고 불리는 경제발전을 이룬 나라들에서 공통적으로 나타나는 현상이고, 이 현상의 원동력으로는 경제적 변화뿐만 아니라 사회문화적인 변화도 크게 작용하였습니다. 산업이 고도화되면서 인적 자원이 중요해졌고, 젊은 인구의 교육 수준이 높아졌습니다. 특히 여성에게 교육의 기회가 열리면서 결혼을 하지 않아도 일을 통해 자아실현을 할 수 있는 통로가 생겼습니다. 이런 본질적인 사회적 변화가 개인주의적 문화를 강화시키면서 젊은 세대들은 결혼 및 출산을 선택이라고 생각하게 되었습니다. 특히 교육열이 높은 대한민국은 대학, 대학원, 전문대학 등을 포함하는 고등교육 진학률이 OECD국가 평균인 47%를 훨씬 상회하는 70%로 자아실현에 대한 욕구가 상대적으로 더 크다고 해석할 수 있습니다.*

　　청년층이 문화 콘텐츠의 중요 수요자이지만 트렌드의 선도자이기도 합니다. 무분별하게 콘텐츠를 소비하는 것이 아니라 개인의 취향에 따라서 선별적으로 소비합니다. OTT서비스**가 등장하고 난 후 한국

---

* OECD Data. 2022. "Population with Tertiary Education". https://data.oecd.org/eduatt/population−with−tertiary−education.htm

** OTT(over−the−top)서비스란 기존의 지상파, 케이블, 위성방송을 넘어서는 서

공영방송이 쇠퇴한 것이 이를 방증합니다. 따라서 정부가 출산을 장려하기 위해서 콘텐츠를 제작한다 하여도 젊은층이 많이 시청할지는 의문입니다. 오히려 청년들이 느끼고 있는 열악한 사회경제적 현실과의 괴리감을 증폭시켜 거부감을 가질 수 있습니다.

정부가 출산을 장려하는 문화를 콘텐츠 제작 및 보급으로 해결하려 하기보다는, 일련의 정책들을 통해 청년층이 자녀를 출산하고 양육하는 데 낙관적인 마음을 가질 수 있도록 노력하는 것이 더 나은 선택입니다. 지금 사회경제적으로 자녀을 양육하기에 어려운 현실을 설명하고 그것을 해결하려고 정부가 어떤 노력을 하고 있는지에 대한 콘텐츠를 만들어 청년들과 대화의 물꼬를 트는 것이 더 생산적일 듯 합니다.

비스라는 뜻으로, 인터넷을 통해 시청자들에게 직접 콘텐츠를 제공하는 서비스이다(예: 넷플릭스, 유튜브, 쿠팡플레이, 티빙 등).

한국에는 비혼 가구에서 태어난 자녀들에 대한 유형·무형의 차별이 아직 존재합니다. 한국에서도 유럽과 마찬가지로 비혼 가구 출산 시 자녀와 부모에게 동일한 정부 혜택을 보장하고 비혼 가구 출산에 대한 법률적·제도적 차별 금지를 해야 하지 않을까요? 차별금지를 위해 어떤 제도적 변화가 필요한가요?

<강수민> 현재 한국의 가족제도는 '정상가정'을 비교적 좁게 규정하고 있습니다. 예를 들어 민법에서는 기본적으로 배우자, 직계혈족과 형제자매만 가족으로 인정하고 있습니다. 건강가정지원법도 가족을 '혼인, 혈연, 입양으로 이루어진 사회의 기본단위'라고 정의합니다. 한국의 가족지원 정책은 위 정의를 충족하는 범위 내에서만 경제적, 사회적 혜택을 줍니다.

국가에 혼인신고를 하면 부부는 국가가 인정해주는 가족관계가 되어 경제적, 사회적 공동체로서 삶을 꾸려나가게 되고, 서로에 대해 여러 권리와 책임을 갖게 됩니다. 혼인관계는 국가가 인정해주는 관계이지만, 20세기 후반부터 혼인율은 지속적으로 하락해왔습니다([그림 7-2] 참조). 결혼생활에 상당한 노력과 헌신이 필요한 만큼 고등교육 진학이나 취업으로 인해 결혼을 미루거나 적당한 결혼 상대를 찾지 못한 사람들도 많아졌습니다. 또 상대가 마음에 들더라도 결혼을 함으로써 수반되는 친족관계 수행(며느리, 사위 역할)이 부담되어 결혼을 하지 않는 경우도 많습니다.

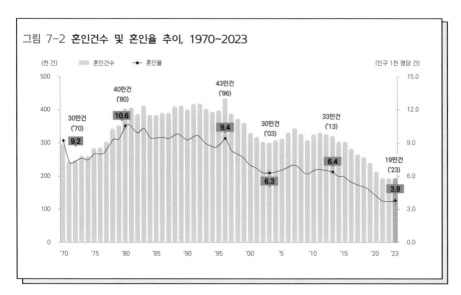

그림 7-2 혼인건수 및 혼인율 추이, 1970~2023

출처: 통계청(2024), "2023년 혼인·이혼통계".

결혼이라는 제도에 대한 수용성향이 낮아진다고 해서 사람들이 친밀한 관계 자체를 거부하거나 이성이든 동성이든 동반자와 함께 꾸려나가는 삶을 원하지 않는 것은 아닙니다. 최근 혼인율은 지속적으로 낮아지고 있지만 2인 가구 비율은 증가하고 있습니다(2000년 2인 가구 비중 19.1% → 2022년 28.3%).* 동거관계에 대한 통계가 조사되지 않아 정확히 알 수는 없지만, 2인 가구 중에는 혼인관계는 아니지만 실질적인 경제적·사회적 공동체인 동반자 관계가 많이 포함되어 있을 것이라고 보는 시각이 많습니다.

심각한 저출산 국면에서 국가의 핵심과제는 위와 같은 비혼가구가 자녀를 출산하게 되었을 때 그 자녀와 양육자가 차별받지 않게 제도를

---

* 통계청(2023), 인구총조사. https://www.index.go.kr/unify/idx-info.do?idxCd=4229

개선하고, 자녀를 양육할 때 혼인관계에 있는 부모들과 똑같이 국가의 지원을 받을 수 있게 법적, 정책적으로 배려해줘야 한다는 것입니다. 더 나아가서는 비혼가구가 자녀 출산 및 양육의 의지가 있다면 난임시술 및 비용지원을 받을 수 있도록 고려하는 것도 필요합니다.

아이가 결혼하지 않은 부모 사이에서 태어날 경우 현재는 법적, 제도적 차별을 경험하게 됩니다. 그와 관련해서 우선 개선해야 할 제도는 다음과 같습니다. 첫째, 출생신고를 할 때 혼인 중의 출생아인지 혼인 외의 출생아인지 명시하지 않게 바꿔야 합니다. 혼인외의 출생아라고 하여 부모관계가 성립하지 않는 것은 아닙니다. 이렇게 표기하는 것은 서자를 차별했던 유교적 신분제도의 잔재이며 아이에 대한 행정적, 사회적 차별을 야기합니다.

둘째, 주민등록등본에 세대주와의 관계를 명시하지 않도록 바꿔야 합니다. 주민등록법상 같은 주소지에 살고 있으나 민법상 가족관계가 아닐 경우에는 모두 '동거인'으로 표기하도록 되어 있습니다. 이는 비혼 가정일 경우 부모와 자녀의 구성이라도 부모 중 한 사람은 '동거인'으로 표기가 됩니다. 등본이라는 서류가 공식적으로 많이 쓰이는 만큼 이렇게 표기될 경우 해당 가정은 지속적으로 이에 대한 해명을 요청받으며 차별을 경험하게 됩니다.* 등본에 세대주와의 관계를 꼭 명시해야 하는지 근본적으로 재검토가 필요합니다.

셋째, 건강가정기본법의 개정이 필요합니다. 건강가정기본법은 국민의 가족생활을 지원하기 위해 만들어진 법이지만, 가족의 범위를 '혼

---

* 이 문제는 이미 재혼가정에서 겪고 있는 문제이기도 합니다. 김아영(2015.3.30.), "재혼 가정들의 속앓이…'동거인' 지우려 편법 감수", SBS 뉴스.

인, 혈연, 입양'으로만 제한하고 있어 이에 포함되지 않는 동반자적인 관계에 대해서는 '건강하지 않다'는 암시를 주고 있습니다. 동법의 이름을 딴 '건강가정지원센터'가 전국적으로 설치되어 각종 정부의 지원 프로그램을 지역 단위에서 진행하고 있는 만큼, 비혼가정에서 태어난 아이들은 본인의 가정을 '건강하지' 않다고 여기며 부정적인 관점에서 보게 됩니다. 따라서 '건강가정'이라는 용어를 가치중립적으로 바꿀 필요가 있습니다.

넷째, 비혼가구에서 태어난 아이가 혼인한 부모에서 태어난 아이처럼 국가의 지원을 받게 하려면 아이의 부모나 양육자 간의 동반자적 관계를 인정해주어 경제적, 사회적 혜택을 누릴 수 있게 해야 합니다. 결혼하지 않았더라도 친부모라면 부모로서 육아휴직 제도나 소득공제 등 혜택은 받을 수 있습니다. 그러나 비혼인 부모끼리는 누릴 수 없는 경제적 혜택들이 매우 많습니다. 배우자출산휴가, 건강보험 피부양자 자격, 유족연금, 소득공제, 각종 주택관련 저리대출 등입니다. 또한 비혼인 부모끼리는 가족관계가 아니기 때문에 의료법상 보호자가 될 수 없고 아플 때 가족돌봄휴가나 휴직에 대한 권리를 누릴 수 없습니다. 이런 문제들을 해결하려면 생활동반자의 지위와 권리를 인정해주는 동반자법 제정과 관련법 개정이 필요합니다.

마지막으로 임신 및 출산을 원하는 비혼가구를 위해서 합법적으로 난임시술을 받을 수 있는 대상을 늘려야 합니다. 현재 한국에서 인공수정, 체외수정 및 난자동결 등 난임시술을 받으려면 반드시 기혼자여야 하며, 배우자의 동의도 필요합니다. 생명윤리 및 안전에 관한 법률 제24조에서는 '시술 대상자의 배우자가 있는 경우 그 배우자의 서면동의를 받아야 한다'라고 명시하고 있습니다. 동법에서 시술 대상자가 기혼

자여야 한다는 문구는 없지만, 한국의 난임시술병원에서는 대한산부인과학회 보조생식술 윤리지침을 따라 기혼자가 아니면 시술을 진행하지 않습니다.*

만약 위에서 언급한 비혼가구 자녀에 대한 명시적 차별과 비혼관계에서 자녀를 양육할 때 받을 수 있는 경제적, 사회적 혜택이 늘어난다면 적극적으로 자녀를 원하는 비혼가구가 늘어날 것입니다. 그들도 필요하면 난임시술을 받을 수 있게 생명윤리법을 개정한다면 결혼은 하지 않았지만 아이를 낳아 기르고 싶어하는 이들에게도 자녀 출산 및 양육의 길을 열어줄 수 있을 것입니다.

---

* 대한산부인과학회 보조생식술 윤리지침. III. 체외수정 및 배아이식, 1. 대상환자의 조건 및 기준, 나. 조항: "체외수정시술은 원칙적으로 부부관계에서 시행되어야 한다."

육아휴직을 허용하는 것이 출산율 제고에 필요하다는 데에는 국민적 공감대가 형성되어 있습니다. 육아휴직의 현황에 대해서 설명해 주시고 그 효과에 대해서 어떻게 생각하시는지 말씀해 주시겠어요? 고쳐야 할 부분은 없나요?

김수민 육아휴직은 만 8세 이하 또는 초등학교 2학년 이하 자녀를 양육하는 근로자가 자녀당 최대 12개월까지 유급휴직을 할 수 있도록 하는 제도입니다. 단, 상용직 근로자로서 육아휴직을 개시하는 날 기준으로 고용보험에 가입된 기간이 180일 이상이어야 합니다. 육아휴직 급여는 고용보험기금에서 지급되는데, 이 기금은 근로자와 사업주가 납부하는 고용보험료로 조성됩니다.

2024년 5월 기준 육아휴직급여는 매월 통상임금의 80%(상한 150만 원, 하한 70만 원)가 지급되며 그 중 25%는 사후지급금으로 육아휴직 종료 후 6개월 이상 계속 근로한 경우 지급됩니다. 만약 부부가 모두 3개월 이상 육아휴직을 사용하는 경우 기존 12개월에 6개월을 추가 사용할 수 있고, 이 연장된 기간에도 육아휴직 급여가 지급됩니다. 또한, 자녀 생후 18개월 내 부모 모두 육아휴직을 사용할 경우 첫 6개월 동안 육아휴직 급여가 통상임금의 100%까지(월 상한 200~450) 인상됩니다. 한부모 육아휴직일 경우에도 첫 3개월간 통상임금의 100%(월 상한 250)까지 인상됩니다.

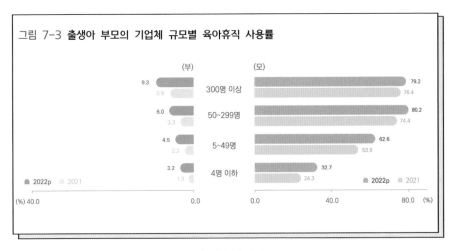

그림 7-3 출생아 부모의 기업체 규모별 육아휴직 사용률

(부)

300명 이상 9.3 / 5.9
50~299명 6.0 / 3.3
5~49명 4.5 / 2.2
4명 이하 3.2 / 1.3

(모)

300명 이상 79.2 / 76.4
50~299명 80.2 / 74.4
5~49명 62.6 / 53.8
4명 이하 32.7 / 24.3

■ 2022p ■ 2021

(%) 40.0   0.0   0.0   40.0   80.0 (%)

출처: 통계청 2023. "2022년 육아휴직통계 결과(잠정)"

휴직 대신에 근로시간을 줄이는 육아기 근로시간 단축제도도 있습니다. 만 12세 이하의 자녀를 양육하는 근로자는 근로시간을 단축할 수 있는데, 근로시간은 주당 15~35시간이어야 하고, 최소 30일 이상 최대 3년(육아휴직 미사용할 경우)까지 사용할 수 있습니다. 정부는 근로시간 단축 급여를 제공하는데, 매주 최초 10시간은 통상급여의 100%(상한 200, 하한 50)를 지급하고, 나머지에 대해서는 통상임금의 80%(상한 150, 하한 50)를 지급합니다.

통계청이 제공하는 육아휴직 사용 관련에 대한 자료들을 보면, 핵심 포인트에 대해 알 수 있습니다. 첫째, 규모가 큰 기업일수록 육아휴직 사용률이 높습니다. 2022년에 육아휴직 사용가능 대상자는 부(父) 181,868명(전체 출생아 249,186명의 72.9%), 모(母) 106,641명(42.8%)이었습니다. 기업 규모별로 보면 육아휴직 대상자 중 약 50%가 직원 300명 이상의 대기업에 분포하여 있었고, 육아휴직 사용률도 기업체 규모가

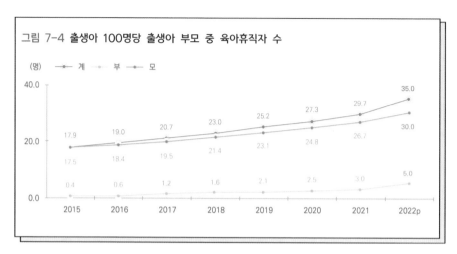

그림 7-4 출생아 100명당 출생아 부모 중 육아휴직자 수

(명) 계 부 모

	2015	2016	2017	2018	2019	2020	2021	2022p
계	17.9	19.0	20.7	23.0	25.2	27.3	29.7	35.0
모	17.5	18.4	19.5	21.4	23.1	24.8	26.7	30.0
부	0.4	0.6	1.2	1.6	2.1	2.5	3.0	5.0

출처: 통계청(2023), "2022년 육아휴직통계 결과(잠정)".

클수록 높았습니다. [그림 7-3]은 실제 육아휴직을 사용한 인원을 육아휴직 대상자 수로 나눈 수치를 보여주는데, 여성의 경우 기업체 규모가 50인 이상이면 80%의 사용률을 보였으나 4명 이하의 소규모 기업에서는 33%밖에 되지 않았습니다. 중소기업의 경우 인적자원이 부족하여 육아휴직 사용에 어려움을 겪는 구조적인 문제가 있으므로, 이 부분에 대해서 정부의 추가적인 도움이 필요합니다.

둘째, 육아휴직을 사용하는 남성의 비율이 아직 많이 낮습니다. 2022년 육아휴직 대상자 통계의 성별구성을 보면 남성(18.1만 명)이 여성(10.6만 명)보다 많았습니다. 그러나 [그림 7-4]에서처럼 2022년 실제 육아휴직 사용률은 출생아 100명당 남성이 5.0명으로 여성 30.0보다 현저하게 낮았습니다. 스웨덴의 경우에는 육아휴직 전체 사용자 중 남성의 비중이 약 45%으로 알려져 있습니다.[*] 이에 비하면 아직도 우리나

---

[*] 저출산고령사회위원회(2020), "육아휴직제도 관련 국외 참고자료".

라에서 육아는 여성이 담당하고 있는 모습을 확인할 수 있습니다. 여성에게만 육아 부담이 가중되지 않도록 하려면 더 많은 남성이 육아휴직을 사용할 수 있도록 적극적으로 장려할 필요가 있습니다.

셋째, 한국의 부모들은 육아휴직의 경제적인 인센티브에 대한 반응이 큽니다. 정부에서 최근 남성 근로자의 육아휴직 사용 비율을 높이기 위하여 자녀 출생 후 첫해에 부모가 육아휴직을 같이 쓰면 휴직급여를 인상해 주는 정책을 시행했습니다. 그 결과 2022년 남성의 출생아 출생년도 육아휴직 사용률이 1년 만에 약 57% 증가하였습니다. 이는 육아휴직 대상자들이 경제적인 인센티브에 반응한다는 뜻이고 정책을 어떻게 설계하느냐에 따라 남성의 육아 참여도가 높아질 수 있다는 점을 보여줍니다.

넷째, 육아기 단축근로제에 대한 사용률 증가가 큽니다. 육아기 단축근로제는 만 12세 미만의 자녀가 있는 근로자가 육아를 위해서 주 15~35시간까지 근로시간을 단축하고 매주 최초 10시간은 정부가 통상임금의 100%(월 기준급여 상한액 200만 원)를 보전해주는 제도입니다. 2019년에 처음 시작한 제도로, 2023년에는 사용자가 23,188명으로 전년에 비해 19.1% 늘어나는 등 빠른 속도로 증가하고 있습니다.[*] 육아기 단축근로제는 선진국에서도 널리 사용하고 있습니다. 육아와 근로를 병행할 수 있게 해주어 경력단절도 예방하고 사업장의 인력부족에 대한 부담도 덜어줄 수 있는 장점이 있습니다.

---

[*] 통계청 보도자료(2024.2.26), "최근 5년간 출생아 수 감소에도 일·육아지원제도 사용자는 증가 추세".

표 7-2 **출생아 부모 중 육아휴직 대상자 수 및 출생아 수**

		2021	비중	2022	비중
출생아 부모 중 육아휴직 대상자	계	299,467	100.0	288,509	100.0
	부	193,355	64.6	181,868	63.0
	모	106,112	35.4	106,641	37.0
출생아 수		260,562	-	249,186	-

출처: 통계청(2023), "2022년 육아휴직통계 결과(잠정)".

다섯째, 육아휴직제도의 혜택을 받지 못하는 비대상자 부모들을 어떻게 정부지원에 포함시킬지 고민해야 합니다. [표 7-2]에서 2022년 출생아 수는 약 24.9만 명이고, 육아휴직 대상자는 약 28.9만 명이었습니다. 출생아의 부모가 모두 생존한다고 가정하면 거의 20.9만 명이 유급휴직 혜택을 전혀 받지 못합니다. 여기에는 고용보험 미적용자, 1인 사업자, 특수형태근로자 등이 포함되어 있습니다. 이런 근로자들을 다른 방식으로 정부가 지원을 해줄 수 있는 방법을 강구하여 일과 양육을 병행할 수 있게 도와야 육아휴직 제도의 사각지대를 줄일 수 있을 것입니다.

정부만이 저출산 문제를 해결할 수는 없는 것 같습니다. 문제가 너무 크고 심각해서요. 기업은 저출산 극복을 위해 무엇을 해야 할까요? 예를 들어, 모든 기업에 보육시설 설치를 의무화하자는 주장도 있고 남성사원의 육아 휴직을 활성화해야 한다는 주장도 있습니다.

김수민 한국의 출산율이 급격하게 떨어진 2000년대 중반부터 정부는 저출산 고령사회기본법을 제정하는 등 저출산 극복을 위한 노력을 해왔습니다. 저출산 극복을 위해 꼭 성공해야 하는 정책이 일·가정양립 정책인데, 이는 정부의 재정지원만으로는 어려우며 기업의 협조가 필수적입니다. 육아휴직이나 육아기 근로시간 단축제도 같은 정책은 정부가 강제하는 것이 아니라 근로자가 자발적으로 회사에 신청해야 하기 때문입니다. 만약 기업문화가 육아휴직에 적대적이라면 신청자 자체가 적어 육아휴직제도의 실효성이 떨어지게 됩니다. 실제로 2022년에 남성 육아휴직 대상자 중에서 실제 휴직을 사용한 근로자의 비중은 전체 6.8%밖에 되지 않았습니다. 육아휴직을 포용하는 기업문화가 정착되지 않았다는 방증입니다.

한국무역협회에서 진행한 연구를 보면 기업들의 일·가정양립정책에 대한 인식을 엿볼 수 있습니다. 이 보고서에서는 기업이 출산 및 양육지원제도에 협조할 인센티브가 미미하여 적극적으로 활용하지 않고 있다고 밝혔습니다.* 정부가 지원해주는 육아휴직관련 제도에 대해서

---

* 장유진 외(2024), "기업내 新출산 양육문화 정착을 위한 정책제언", 한국무역협회.

도 잘 모르는 기업들이 많았습니다. 조사에 참여한 거의 모든 기업들이 정부와 기업이 함께 저출산 해결을 위해 책임을 분담해야 한다고 동의하였지만(94.5%), 정부가 기업에 제공하는 현금지원이나 세제지원 등의 인센티브가 적다고 평가하였습니다(82.0%).

기업들은 단기적인 손익만 생각하지 말고 장기적인 관점으로 기업 내 일·가정양립정책 문화조성에 대해서 적극적인 자세를 취할 필요가 있습니다. 일과 가족생활을 병행하지 못해 직원들의 퇴사율이 높고 근속년수가 짧아지면 기업에게도 큰 손해입니다. 지속적으로 새로운 직원을 채용해서 교육시켜야 한다면 관련비용이 계속 증가합니다.

육아휴직이나 육아기단축근로제 등 제도는 법적으로는 근로자가 신청하면 사업주가 의무적으로 주게 되어 있지만, 회사 내부의 문화나 분위기에 따라서 근로자의 신청여부가 달라집니다. 기업들이 내부적으로 얼마나 적극적으로 가족친화적인 근로문화를 장려하는지에 저출산 정책의 성패가 달렸다고 해도 과언이 아닙니다.

기업들은 대체인력 채용의 어려움을 계속 제기하여 왔습니다. 직원이 출산휴가나 육아휴직을 가면 업무공백이 생겨 다른 직원들에게 업무가 가중되고, 대체인력을 채용하기에는 비용이 부담되거나 구인 자체가 어려울 수 있다는 것입니다.[*] 그러나 이 문제는 어제 오늘 일이 아니며 해결이 불가피한 이슈입니다. 기업이 각자의 사정에 맞춰 대체인력을 적극적으로 찾거나 육아기단축근로제를 장려하고 업무가 과중된 직원에게 인센티브를 주는 등 주도적으로 대책을 세워야 합니다.

---

[*] 한국여성정책연구원(2023), "2022년 기준 일 가정 양립 실태조사".

일각에서는 2025년부터 도입되는 ESG공시제도에 일·가정양립제도 시행 여부를 알 수 있는 지수를 포함시켜 기업들이 가족친화문화를 장려하도록 유도하자고 주장합니다. 그러나 인센티브와 규제로 기업을 수동적으로 움직이게 하는 데에는 한계가 있습니다. 합계출산율 0.72의 엄중한 저출산 국면에 한국 기업들에게 가장 필요한 것은 주도적으로 일·가정양립 문제를 해결하려고 하는 주인의식과 리더십입니다.

8

저출산·고령화·인구감소가 가져올 변화에 대응하는 국가 재설계

● ● ●

저출산·고령화·인구감소는 단기간에 해결될 수 있는 문제가 아닙니다. 따라서 저출산·고령화·인구감소가 진행된다는 전제로 국가 재설계를 해야 합니다. 낮아질 것으로 보이는 소득 수준, 연금 고갈, 지방 소멸, 도시 집중에 따른 주거비 상승, 노인 돌봄 수요 증가, 노인 고독사, 청년층·중장년층의 정서적 피폐화 등은 저출산·고령화·인구감소 시대에 우리가 당면한 시급한 문제입니다. 이러한 문제를 어떻게 극복할 수 있을지 중지를 모아야 할 때입니다.

한국의 저출산·고령화·인구감소 문제는 국민과 정부가 아무리 노력해도 단기간에 해결될 것 같지 않습니다. 이제 이 문제를 극복하기 위해 노력하면서 동시에 저출산·고령화·인구감소가 가져올 변화와 이에 대한 대응책을 모색해야 한다고 생각합니다. 우선 경제적 측면에서 대응은 어떻게 해야 할까요? 생산성이 향상되면 소득수준은 내려가지 않을 것으로 보이는데 이에 관한 선진국들의 경험에 대해 말씀해 주시겠어요?

최 인 앞서 이야기한 것처럼 일인당 GDP는 고용률과 생산성의 곱입니다. 한국의 경우 고용률은 꾸준히 늘어 왔습니다. 그러나 고령화가 진전되면 고용률도 정체상태에 이를 가능성이 큽니다. 결국 일인당 GDP는 노동자의 생산성에 달려 있겠지요. 우리보다 일찍 고령화를 경험한 독일, 프랑스, 이탈리아, 일본의 65세 이상 인구 비율과 노동자 일인당 생산성 증가율을 보면, 65세 이상 인구 비율은 증가하고 노동자 일인당 생산성 증가율은 감소하는 추세를 발견합니다. 물론 이로부터 노동자 일인당 생산성 증가율 하락의 원인이 고령화라고 단정 지을 수는 없지만, 고령화가 이루어지고 있는 나라에서 노동자 생산성이 감소하고 있다는 사실은 확인할 수 있습니다.

만약 로봇과 AI의 도입으로 일인당 생산성이 많이 증가하면 노동자 생산성의 감소추세가 멈출지도 모르지만, 이것은 예측할 수 없는 미래의 기술 영역에 속합니다. 그러나 앞으로 일인당 생활 수준을 유지

혹은 향상하려면 어떤 방식으로든 생산성을 제고시켜야 하므로 어떤 결과가 나올지 확신할 수는 없지만 새로운 기술 발전에 매진해야 합니다. 이를 위한 정부의 지원도 계속되어야 합니다.

노동력 부족과 임금 상승 때문에 로봇 도입도 늘고 있습니다. 특히 한국은 로봇 도입이 가장 활발한 나라 중 하나인데요, 로봇 도입으로 결국 많은 일자리가 사라지지는 않을까요? 만약 그렇다면 어떤 대응이 필요한가요?

최 인 제조업에서 노동자 만 명당 로봇 수를 보면 한국이 단연 세계 1위입니다. 2021년 기준 한국은 1,000대, 일본과 독일은 각각 399대, 397대를 기록 중입니다. 미국은 이에 비해 낮아서 274대입니다. 산업용 로봇이 많은 나라들은 고령화 진전 속도가 빠른 나라입니다. 한국, 일본, 독일에서 로봇 도입 비율이 높고, 미국에서는 낮은 현상이 이로써 설명되지요. 고령화 진전 속도가 빠르면 숙련 노동자 수가 감소하고, 이를 로봇으로 상쇄하고자 하는 움직임이 당연히 생기겠지요. 다행히 로봇의 질도 좋아지고, 가격도 하락하는 추세라 로봇 도입이 더 쉬워졌다고 합니다.

로봇 도입이 활발해지면서 당연히 생기는 걱정은 앞으로 로봇이 모든 제조업 일자리를 없애고 많은 노동자가 실업자가 될지 모른다는 것이지요. 실제 많은 사람이 자신들의 직장 내 역할이 20년 후에 사라질 것이라고 믿고 있다고 합니다. 그런데 역사를 보면 이런 걱정이 처음 있었던 것은 아닙니다. 19세기 초 영국에서 방직기계가 도입되자 노동자들이 자신들의 직업이 없어질 것을 우려해 방직기계를 파괴하는 운동을 벌였다는 사실은 잘 알려져 있습니다. 이들의 움직임을 "러다이트 운동"(Luddite movement)이라 부르지요. 그 이후에 영국은 어떻게 되었나요? 실업자가 많은 가난한 나라가 되었나요? 그렇지 않았지요. 가장 먼저 산업화에 성공해 부강한 나라를 일구었습니다. 그리고 직업의 수도 훨씬 많아졌습니다.

산업용 로봇은 기계보다 훨씬 인간과 유사해서 이전의 생산 자동화와는 차원이 다르다고 주장할 수도 있습니다. 아직 로봇 도입은 초기 단계라서 그 영향을 완전히 파악하려면 시간이 더 필요하기는 합니다. 하지만 지금까지 로봇 도입과 고용의 관계를 연구한 경제학자들의 연구 결과에 의하면 로봇 도입은 노동자의 생산성과 총요소생산성*을 높이고 생산품의 가격을 낮춘다고 합니다. 높은 생산성은 임금 상승과 소비 증가로 이어져 서비스 분야의 고용을 유발합니다. 따라서 고용의 전체 양은 별 변화가 없거나 늘 수도 있지요. 일부 비숙련·저학력 생산직 노동자의 직장은 없어집니다. 그러나 한국과 같이 고학력자가 넘치는 나라에서는 어차피 비숙련 노동자를 찾기도 어려우니 이것은 큰 문제가 아닐 것으로 보입니다. 비숙련·저학력 노동자가 많은 나라에서는 문제가 될 수도 있겠지만, 이런 나라에서는 로봇 도입의 유인이 강하지 않을 것으로 생각합니다.

로봇 도입이 실업자를 양산할 것이라 전제하고 기본소득** 같은 무조건적인 사회보장제도가 필요하다고 주장하는 사람들도 있으나, 그 전제 조건 자체가 성립하지 않을 가능성이 큽니다. 로봇 도입에 대한

---

* 같은 양의 노동과 자본을 투입할 때, 총요소생산성이 높으면 더 많은 생산을 이루어 낸다.
** 모든 국민에게 일정한 액수의 돈을 정기적으로 지불하는 사회보장제도를 지칭한다.

특별한 대응은 앞으로 추이를 보고 결정하면 됩니다. 한국은 노동자 부족에 직면하고 있습니다. 로봇 도입을 제조업에 한정하지 않고 서비스업 특히 노인 요양업에 확대해야 저출산·고령화·인구감소의 파고를 헤쳐 나아갈 수 있다고 생각합니다. 즉, 로봇 도입은 더 확대되어야 합니다.

로봇과 AI 도입으로 생산성이 향상하고 경제성장률도 유지될 것이라는 견해도 있습니다. 어떻게 생각하시나요?

최 인 로봇과 AI 도입은 아직 초기 단계입니다. 그러나 로봇이 노동생산성과 총요소생산성을 증가시킨다는 실증적 증거가 있습니다. AI도 아직은 모르지만 비슷한 역할을 할 공산이 큽니다. 노동생산성이 향상하면 저출산·고령화·인구감소로 고용률이 정체되거나 감소하여도 일인당 소득은 증가할 수 있습니다. 일인당 소득의 성장률도 증가할 수 있지요. 따라서 저출산·고령화·인구감소의 부정적인 경제 파문을 줄이려면 로봇, AI 기타 생산 자동화 기술개발에 매진해야 합니다.

한국은 주변에 경제력, 군사력 인구 측면에서 큰 나라들만 있는 지정학적 여건을 갖고 있는데요 저출산·고령화·인구감소가 지속될 때 징집인원 이 줄어들어 국방·안보상 문제가 발생할 것 같은데 어떻게 해야 하나요? 남녀개병제를 실시해야 하나요?

최 인 앞서 언급한 대로 현 상황에서 병력을 유지하는 것이 큰 숙제 입니다. 의무병 복무기간 연장, 모병제, 남녀 개병제 등이 거론되나 모 두 문제를 지니고 있는 방안입니다. 의무병 복무기간 연장과 남녀 개병 제는 여론의 뒷받침을 받지 못하고 있고, 모병제는 더 큰 국방비를 필 요로 하고 인원 충원도 여의치 않을 것입니다. 따라서 병력 부족 문제 를 해소할 묘책은 당분간 없어 보입니다. 이제는 무기체계의 자동화 그 리고 군사 조직 운영의 효율화를 통해 한 명의 병사가 더 많은 전투 역 할을 담당하게끔 하는 수밖에 없어 보입니다.

국민연금에 대해서 많은 사람이 걱정합니다. 국민연금에 가입해야 할지 말지 고민하는 청년들도 많고, 연금 지급이 지속 가능할까에 대해 의심하는 사람들도 늘고 있습니다. 지금과 같은 저출산 상황에서 한국의 국민연금제도는 어떻게 변화해야 하나요?

권혁주 우리나라 국민연금 제도는 공적연금 체계의 가장 중요한 제도로서 국민의 노후 생활안정을 위해 연금 소득 제공을 목적으로 합니다. 2023년 말 기준 국민연금 가입자는 2천 2백 12만 명이나, 이 가운데 실제 보험료 납부자는 1천 9백 18만 명으로 경제활동인구의 약 75%를 차지합니다(국민연금연구원, 2020 생생통계, 국민연금공단 홈페이지). 노후 생활안정을 위해 국민연금 외에도 다양한 소득보장 제도가 운영하고 있는데 공무원연금, 사학연금, 군인연금과 같은 특수직역을 대상으로 하는 공적연금 제도가 있습니다. 우리나라의 공적연금체계는 [그림 8-1]에 요약되어 있습니다.

이러한 체계 속에서 근로자와 자영업자 및 여타 직종 종사자가 국민연금에 가입하고 보험료를 정기적으로 납부하면서 가입 기간을 누적하고 있는 비율은 18~59세 인구의 54.1%입니다. 그리고 특수직역연금 가입자는 5.3%입니다. 같은 연령대 인구 대비 40.6%가 국민연금 수급 자격을 위한 납부기록을 축적하고 있지 못한 상황입니다(국민연금연구원 2020). 국민연금의 최소 의무가입 기간을 달성하지 못하면 노후에 이르

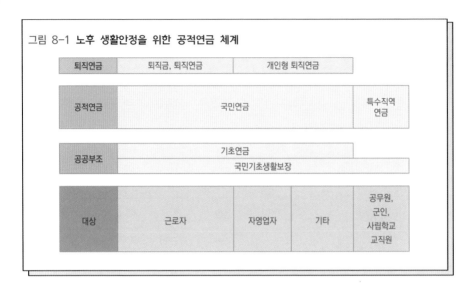

그림 8-1 노후 생활안정을 위한 공적연금 체계

퇴직연금	퇴직금, 퇴직연금		개인형 퇴직연금	
공적연금	국민연금			특수직역 연금
공공부조	기초연금			
	국민기초생활보장			
대상	근로자	자영업자	기타	공무원, 군인, 사립학교 교직원

러 국민연금을 수급하지 못하게 되어 노후의 생활보장에 큰 위협이 됩니다. 국민연금 납부기록을 축적하고 있지 못한 사람들은 노후보장의 사각지대에 놓여 있다고 볼 수 있습니다.

국민연금제도가 안고 있는 가장 큰 과제는 국민연금의 지속가능성과 연금의 적정성 문제입니다. 1998년 제도개혁 이후 재정적 측면에서 지속가능성의 문제가 끊임없이 제기되어 왔는데, 2018년 4차 국민연금 재정계산에 따르면 2057년 국민연금 기금이 소진된다고 예측되고 있습니다. 2023년 제5차 재정계산은 2년이 앞선 2055년에 국민연금 기금이 소진된다고 전망합니다(국민연금 재정추계전문위원회, 2023). 한편 국민연금이 연급 수급자의 안정된 생활을 보장하기 위한 보장성이 부족하다는 지적과 함께 이에 대한 개선이 필요하다는 주장도 강하게 제기되고 있습니다.

표 8-1 재정목표를 달성하기 위한 필요보험료율

보험료율 인상 시기	재정목표(추계기간 말 기준) 시나리오				
	적립배율 1배	적립배율 2배	적립배율 5배	수지적자 방지	일정한 적립배율 유지(배율)
2025	17.9	18.1	18.7	19.6	20.8 (14.8)
2035	20.7	21.0	21.9	22.5	23.7 (11.7)

출처: 국민연금 재정추계전문위원회, 2023.

국민연금 제도는 장기적 관점에서 재정건전성을 평가하고 그에 따른 제도개선을 위해 1998년부터 재정계산 제도를 도입·실시하고 있는데 2008년 재정계산은 국민연금 기금이 2060년을 전후하여 소진될 것으로 예측했습니다. 2018년 제4차 재정계산은 기금소진이 3년 정도 빨라진 2057년으로 예측하고 보험료율을 11%로 즉시 인상하고, 소득대체율을 40%로 유지하거나 45%로 인상하는 대안을 제시했습니다. 그러나 구체적인 제도개선안을 마련하는 임무를 맡은 국민연금제도발전위원회가 합의안을 도출하지 못하고 복수의 안을 제시함으로써 연금 개혁의 동력이 약화하였고 문재인 정부도 적극적으로 이를 추진하지 않아 국민연금 개혁이 이루어지지 않았습니다.

국민연금 재정추계전문위원회가 발표한 제5차 국민연금 재정계산에 따르면, 현재의 조건이 유지될 경우 국민연금 기금은 2040년에 적립기금이 최대 시점에 이르고 이후 기금이 줄어들어 2055년에 기금이 소진됩니다. 국민연금이 재정적 지속성을 제고하기 위해서는 시나리오에 따라 17.9~23.7% 보험료율을 인상해야 한다고 동위원회는 지적했습니다([표 8-1] 참조).

이러한 재정계산에 따르면 적절한 시기에 국민연금의 보험료율을 인상하지 않으면 국민연금의 재정적 지속 가능성이 손상될 수밖에 없음을 알 수 있습니다. 이러한 맥락에서 2060년을 전후하여 발생할 기금 소진에 대비하여 제도개선을 추진하는 것이 필요하다고 판단됩니다.

국민연금은 노후에 일정한 연금 소득을 제공하여 노후의 생활안정을 보장하는 사회보험제도입니다. 따라서 재정적 지속성뿐만 아니라 연금수급자의 생활안정에 기여하는 정도가 국민연금제의 효과성을 갈음합니다. 현재 국민연금 산식에 따르면 평균적인 가입자가 국민연금에 40년 동안 가입하여 보험료를 납부하면 경제활동 당시 소득의 40%에 해당하는 연금을 받습니다. 그러나 이는 하나의 예시일 뿐 실제 가입자의 상황은 천차만별입니다.

국민연금이 실제 연금수급자의 생활에 실제로 기여하는 정도를 파악하기 위해 권혁주·유자영·최낙혁의* 연구를 살펴볼 필요가 있습니다. 이 연구는 연금의 소비충당률을 사용하는데, 이는 지출되는 소비에 연금 소득이 차지하는 비율을 의미하는 것으로 연금이 얼마나 소비의 측면에서 생활안정에 기여하는지를 보여줍니다. 이와 같은 소비충당률의 개념을 실제 국민연금 수급자의 소비생활에 적용하여 계산을 하면 국민연금이 연금 소득자의 생활 안정에 기여하는 수준을 파악할 수 있게 됩니다. 연금의 소비충당률은 다음과 같이 정의됩니다.

$$연금의\ 소비\ 충당률 = \frac{공적연금\ 급여액}{은퇴\ 후\ 노인가구의\ 소비지출\ 규모} \times 100$$

---

* 권혁주, 유자영, & 최낙혁(2022), 공무원연금의 노후생활보장 정책효과분석: 다차원적 소비충당률을 중심으로. 융합사회와 공공정책(구 공공정책과 국정관리), 16(1), 99-131.

표 8-2 국민연금 수급자의 소득수준별 소득, 지출, 연금급여(단위: 월, 원, %)

	1 분위 (n=229)	2 분위 (n=229)	3 분위 (n=232)	4 분위 (n=226)	5 분위 (n=229)	전체 (n=1145)
총소득	539,670	934,163	1,390,718	1,977,149	4,979,594	23,552,670
가처분소득	474,418	796,738	1,212,353	1,746,201	4,457,845	20,833,350
총지출	754,767	961,208	1,242,248	1,437,977	2,079,162	15,534,710
연금수급액(월)	206,931	225,983	248,170	262,863	258,789	240,509
필수소비지출	573,158	601,231	785,097	841,325	999,635	759,942
소비지출	689,514	825,653	1,078,263	1,216,187	1,557,413	12,876,530
비소비지출	65,252	137,425	178,365	230,949	21,749	2,719,324
연금소득의 필수소비충당률	36.10%	37.59%	31.61%	31.24%	25.89%	31.65%
연금소득의 소비충당률 (연금급여/총소비)	30.01%	27.37%	23.02%	21.61%	16.62%	22.41%
연금소득의 총소비지출충당률 (연금급여/총소비지출)	27.42%	23.51%	19.98%	18.28%	12.45%	18.58%
가처분소득대비 연금소득	43.62%	28.36%	20.47%	15.05%	5.81%	1.15%
총소득대비 연금소득	38.34%	24.19%	17.84%	13.30%	5.20%	1.02%
총소득대비 총지출	139.86%	102.90%	89.32%	72.73%	41.75%	65.96%

출처: 국민노후보장패널 7 차년도 자료 이용하여 연구진 계산(가구균등화 지수 반영).

이 연구는 [표 8-2]와 같은 연구결과를 도출했는데, 국민노후보장
패널에서 추출한 1,145명의 국민연금 수급자 가구의 국민연금 소비충
당률을 도출한 내용을 담고 있습니다. 이에 따르면 국민연금 수급자는
전체 소득계층에 걸쳐 연금이 소비의 각 단계마다 소비를 충당하고 있
지 못함을 알 수 있습니다. 필수소비에 대한 충당률은 전체계층에서
31.65%로 나타났습니다. 국민연금으로 생활에 필수적인 음식물비, 주거
비, 의료비의 3분의 1정도만을 충당하고 있어, 다른 수입원에 의존하지

않으면 필수소비를 할 수 없다는 의미로 해석됩니다. 국민연금이 가장 기본적인 필수소비를 충당할 수 없기 때문에 그보다 넓은 범위의 소비충당률, 총지출충당률*이 각각 100%에 훨씬 못 미치는 22.41%와 18.58%를 기록하고 있습니다. 이러한 분석 결과는 국민연금에 의존하여 노후생활을 영위하기가 실질적으로 불가능하다는 점을 분명하게 보여줍니다.

국민연금의 지속가능성과 보장성 확보를 위한 개혁방안을 만들기 위해 21대 국회에 국민연금개혁특별위원회가 설치되어 다양한 이해관계자와 전문가의 의견을 청취하고 국민연금 제도 개선의 대안을 도출하려고 노력했습니다. 국회에서 여·야는 국민연금 보험료율을 13%로 인상하는 데 합의했지만, 소득대체율을 놓고 국민의힘은 43%, 더불어민주당은 45%를 고수하여 이견을 좁히지 못하여 결국 국민연금 개혁안은 21대 국회에서 대안을 마련하는 데 실패했습니다. 이뿐만 아니라 국회 연금개혁특별위원회와 공론조사에서 다루는 개혁안은 국민연금 개혁안에만 초점을 맞추어 보험료율과 소득대체율, 의무가입상한 인상에 국한하여 논의를 한 한계가 있습니다. 우리 사회가 저출생·초고령화로 인한 인구학적 구조변화를 경험하고 있기 때문에 이에 대한 사회의 다양한 분야의 개혁이 필요하고, 그와 같은 전반적인 맥락에서 국민연금 개혁안을 도출하는 것이 필요한데 이러한 점이 제대로 고려되지 못하고 국민연금 제도의 모수개혁에 집중된 한계가 있습니다.

현재 우리나라 국민연금 제도가 부닥치는 제문제에는 연금제도의 내생적인 요인과 더불어 저출생·초고령화와 노동시장 등 사회의 구조

---

* 소비충당률은 모든 소비에 대한 공적연금액의 비중, 총지출충당률은 소비와 비소비지출에 대한 공적연금액의 비중을 가리킨다.

적 전환에 근거하는 외생적 요인이 함께 존재합니다. 특히 합계출산율이 세계 최저 수준이면서 기대수명이 83세로 전 세계에서 3위를 차지하는 현실에서 인구 확장기에 형성된 국민연금 제도가 그대로 유지될 수 없기 때문입니다.

국민연금은 약 30년 경제활동을 하면서 보험료를 납부하고 은퇴 후 대략 10년 정도 연금수급을 하는 생애 사이클을 전제할 때 효과적으로 운영될 수 있습니다. 1980년 중반 한국의 기대수명은 남성 65세, 여성 72세로 이와 같은 전제가 충족되었습니다. 그러나 최근 한국의 기대수명의 증가로 정년퇴직 연령 60세 이후 20여 년의 생활 보장을 위한 연금 지급은 현실적으로 불가능합니다. 저출생·초고령화의 인구구조에 맞게 연금 수급기간을 10년으로 설정한다면 연금 수급 개시 연령을 72세로 상향 조정하는 것이 필요합니다. 연금수급 기간을 대폭 상향 조정하기 위해서는 고령자의 지속적인 경제활동이 요구되며, 이에 따라 노동시장에서 정년 제도의 폐지가 필요합니다. 이에 따라 2033년에 65세로 설정된 국민연금 수급 연령도 추가로 인상하는 방안이 고려되어야 합니다.

실제로 60~64세 경제활동 참가율은 2021년 61.2%를 기록하고 있습니다. 고령자 취업조건과 소득은 60세 이하보다 열악한 형편입니다. 그러나 저출생으로 인해 향후 노동시장에서 인력이 부족할 수밖에 없다는 점을 감안할 때 고령자의 경제활동을 촉진하여 노동인력 수요에 대응하는 일은 반드시 필요합니다. 뿐만 아니라 고령자들이 저임금 단순노동 형태로 노동시장에 참여할 게 아니라 고숙련, 고부가가치의 경제활동을 위해 참여하는 것이 향후 경제의 성장동력을 유지하기 위해 필수적입니다.

그러나 고령자의 경제활동을 촉진하기 위해 단순히 정년을 연장하거나 정년제를 폐지하는 것이 적실한 대안이라고 볼 수 없습니다. 노동시장 개혁과 기업경영 효율화 등 다양한 분야의 개혁이 이루어질 때 저출생·초고령화 사회로의 대전환을 준비할 수 있습니다. 국민연금 제도의 개혁도 이와 같은 맥락에서 대안이 만들어지고 추진되어야 합니다. 이러한 대전환 시기에 필요한 제도 개혁을 위해서 다양한 개혁 정책의 방향을 설정하고 총괄하는 정책조정 능력이 필수적이며 이를 책임질 기관과 리더십이 중요하다고 판단됩니다.

사회적으로도 지방에서는 폐교, 빈집 증가 등으로 예시되는 지방소멸, 대도시에서는 노인 고독사, 도시집중으로 인한 상대적 주거비 상승 등의 문제가 예상됩니다. 이에 대한 대응책은 무엇일까요?

김수민 지방에서는 출산율 감소뿐 아니라 청년들이 대도시로 이탈하는 사회적 유출 때문에 도시보다 인구가 더 빠르게 줄어들고 있습니다. 일자리 감소, 의료, 교통, 보육 등 측면의 열악한 환경 때문에 청년인구가 수도권으로 유출되고 있고, 인구 유출은 정주여건을 더 악화시키고 있습니다. 이미 전체 시군구의 66%에서 출생자보다 사망자 수가 더 많아서 인구가 감소 중입니다.* 한국의 수도권 집중현상은 세계에 유례가 없으며 이미 5년 전인 2019년부터 수도권 인구가 지방 인구를 추월하기 시작했습니다.**

이에 정부에서는 기초지자체 226개 중에서 인구감소지역 89곳을 지정하고 2022년에 인구감소지역 지원 특별법을 제정하였습니다. 이 법을 근거로 지방소멸대응기금 등을 조성하여 지역 주도로 대응방안을 마련하게 하고 재정을 지원하는 체계를 마련하였습니다. 현재까지 제시된 지방소멸 대응책을 살펴보면, 4차 산업 기업유치 등을 통한 양질의

---

* 민보경(2023), "지방소멸위기 대응방향", 국회미래연구원.
** 행정안전부, 주민등록인구현황.

일자리 창출로 정주여건을 개선하여 인구유출을 억제한다는 내용이 대부분입니다.* 지역의 특색을 살려 매력적인 공간을 조성하고 사물인터넷(IoT), 5G, Wi-Fi 등 통신 인프라를 갖춰 스마트공간 및 워케이션 기반을 갖춰서 청년들의 수도권 유출을 막는다는 아이디어 등이 제시되었습니다.

그러나 현재 한국의 저성장 경제 상황에서 양질의 일자리는 수도권에서도 창출하기 어려운 상황입니다. 설령 소수의 지역에서 기업의 일자리를 유치한다고 하여도 인구감소지역 89곳 모두 성공할 수는 없습니다. 지방자치단체들이 젊은 부부들의 유출을 막거나 유입시키기 위해 출산장려금을 경쟁적으로 올리며 지역예산을 소진하는 것도 문제입니다. 경제적 기반이 갖춰지지 않은 지역에서 출산장려금으로 청년인구를 일시적으로 유인한다 하더라도 다시 유출되는 것은 시간 문제이기 때문입니다.

지방소멸은 저출산으로 인해 우리가 가까운 미래에 불가피하게 직면해야 할 문제이며, 지역간의 제로섬 게임이 될 수밖에 없는 현실을 분명히 인식해야 합니다. 지역주도로 해결한다는 기치하에 지자체끼리 소모적인 경쟁을 지속할 것이 아니라 결국 소멸하게 될 여러 지역들에 대해서 어떻게 대처할 것인지에 대한 구체적인 계획이 필요합니다.

이것은 결코 먼 미래가 아닙니다. 고령화와 인구감소가 먼저 시작된 일본과 이탈리아의 경우만 봐도 알 수 있습니다. 이미 일본은 급증하는 빈집 및 폐가가 큰 사회적 문제가 되고 있습니다.** 이탈리아도 지

---

* 차미숙 외(2022), "지방소멸 대응 정책방향과 추진전략", 국토이슈리포트.
** 이상훈(2024.5.22), "[글로벌 현장을 가다/이상훈]日, 전국에 빈집 900만채… 도

방에서 생활인구가 완전히 유출되어버린 마을들이 속출하고 있습니다.

사람이 살지 않는 집이나 지역을 방치하면 범죄의 온상이 될 수 있어 새로운 사회문제를 야기합니다. 물론 지역에서의 사회경제적 기반을 개선하는 시도는 계속되어야 하겠지만, 불가피하게 소멸할 수밖에 없는 지역에 대해서는 계획을 해서 선제적으로 대응을 해야 합니다. 폐가나 폐건물 등을 철거하거나 다른 용도로 전용하는 체계적인 솔루션을 만들어낸다면 세계적인 시장을 갖춘 산업으로 발전할 가능성도 있습니다. 지방소멸 현상을 부정적으로만 인식하기보다는 저출산 및 인구감소로 인한 세계적인 흐름이라고 봐야 하고, 보다 현실적이고 적극적인 대응이 필요합니다.

쿄 주택가도 30년새 2배로 증가", 조선일보.

노인을 돌보는 인력이 부족해서 큰 사회문제로 주목받고 있습니다. 로봇을 쓰자, 외국인 노동자를 도입하자는 등 많은 논의가 있습니다. 돌봄 인력 부족에 어떻게 체계적으로 대처해야 하나요?

(김수민) 우리나라는 고령화가 급속하게 진행되고 있으며, 그로 인해 노인돌봄에 대한 수요가 급증하고 있습니다. 요양원 등에 고용된 고용보호사가 노인돌봄 종사자의 80% 정도이고 그 외 개인 간 예약을 통해 요양원에서 일하는 간병인 등이 노인돌봄 업무를 수행 중입니다. 노인돌보미는 보건서비스 종사자라고도 하는데 2013년의 31.5만 명에서 2022년 67.3만 명으로 10년간 거의 두 배 이상 증가하였습니다.* 간병 비용이 부담되어 직접 가족을 돌보는 인구수를 포함하면 실질적인 서비스 제공자 수는 더 증가했을 것으로 추측됩니다. 앞으로 노인인구는 지속적으로 급격하게 늘어날 것이고, 그에 따른 노인돌봄에 대한 폭발하는 수요를 국내의 공급으로는 해결하지 못할 것으로 예상됩니다.

한국은행 보고서에 의하면, 돌봄서비스직의 노동공급 부족규모는 2032년에 38~71만 명, 2042년에 61~155만 명까지 늘어날 것으로 추

---

* 채민석 외(2024), "돌봄서비스 인력난 및 비용 부담 완화방안", 한국은행 BOK 이슈노트.

정됩니다. 이런 추세로 노인돌봄 일자리의 수급 불균형이 심화되면 공급자 우위의 시장이 형성되어 간병비가 추가로 상승할 것입니다. 간병비는 지난 10년간 명목임금 상승률을 크게 상회하는 수준으로 상승하여, 2023년 기준 월평균 370만 원으로 집계되었고, 이는 이미 65세 이상 가구 중위소득의 1.7배로 대다수의 고령가구가 감당하기 어려운 수준입니다.

이에 대한 대처법으로는 국내 노동자 활용, 로봇 및 ICT(Internet and Communication Technology, 정보통신기술) 적극 활용, 그리고 외국인 돌봄노동자 등 세 가지 방법을 모두 동원해야 합니다.

우선 국내 노동자 활용도를 제고해야 합니다. 현 상황에서 노인돌봄 수요자의 비용부담을 증가시킬 수 없기 때문에 노인돌봄 종사자의 임금인상 등 처우개선이 어렵습니다. 이런 상황 때문에 젊은 층의 선호도가 낮을 수밖에 없습니다. 돌봄노동 같은 저생산성 부문에 내국인 노동력이 집중되면 비효율적일 수도 있습니다. 그러나 한국인의 경제활동 참가율은 69.0%로 다른 OECD국가 평균의 72.4%에 비해서 낮은 편입니다(2021년 기준). 노동시장에 참여하고 있지 않은 이들에게 노인돌봄 관련 일자리는 구하기가 용이하다는 점을 알려 유휴 인력을 활용해야 합니다.

두 번째는 로봇 및 ICT를 돌봄에 적극 활용하여 돌봄서비스의 생산성을 높여야 합니다. 고령인구가 필요로 하는 돌봄서비스 중에는 비대면으로 해결할 수 있는 부분도 있습니다. 예를 들어 아직 혼자 거동이 가능한 노인일 경우, 요양사가 매번 직접 방문하지 않고도 영상통화 등으로 안부를 확인하고 정서적인 돌봄을 제공할 수 있습니다. 이와 같이 원격근무가 가능한 돌봄일 경우 최대한 ICT를 활용해서 대면돌봄에 대한 수요를 줄여야 합니다. 또 아직 로봇을 돌봄서비스에 바로 활용하기 어려운 실정이지만, 돌봄노동에 특화된 로봇개발에 대한 투자를 공격적으로 하여 로봇이 대신할 수 있는 돌봄서비스를 신속하게 늘려야 할 것입니다.

세 번째는 외국인 돌봄노동자 도입입니다. 당장 20년 후인 2042년에 돌봄노동자 155만 명이 필요한데, 공급이 부족한 국내노동자나 적기에 개발 여부가 불확실한 로봇에만 의지하기는 어렵습니다. 외국인 돌봄노동자 도입으로 서비스 수요를 충분히 해결하기 위해서는 국내의 최저임금보다 낮은 임금으로 고용할 수 있는 방법을 찾아야 한다고 전문가들은 지적합니다. 최저임금보다 낮아야 고령가구가 부담없이 비용을 지불할 수가 있고, 대한민국의 최저임금보다 낮은 임금이 지급되더라도 외국인 노동자들의 출신국(필리핀, 우즈베키스탄 등) 임금기준으로는 높기 때문에 서로 상생할 수 있는 방안이라는 의견입니다.

외국인 돌봄노동자 고용방법에는 구체적으로 두 가지가 제시됩니다. 개별가구가 사적 계약을 통해 외국인을 직접 고용하는 방법과 외국인에 대한 고용허가제 대상 업종에 돌봄서비스업을 포함시키는 방법입니다. 전자의 경우 사적 계약이기 때문에 국제노동기구(ILO) 협약*의 제재를 받지 않아 임금을 최저임금보다 낮게 설정할 수 있습니다. 고용주가 낮은 임금을 지급하는 대신에 식비와 주거, 의료비, 항공료, 고용안정비는 별도로 지급해야 합니다.

후자의 경우는 돌봄서비스업을 외국인 고용허가제 대상 업종에 포

---

* 국내 노동자와 외국 노동자의 임금을 차별하지 않겠다는 협약.

함시키는 방안인데 이 방법은 외국인 돌봄노동자를 재가요양이나 시설 요양에 모두 활용할 수 있습니다. 노인 돌봄업종 전체에 대한 최저임금을 상대적으로 낮게 설정하면 비용 부담을 완화할 수 있습니다.

위 두 가지 방법을 통해 급증하는 노인 돌봄수요를 해결할 수 있는 가능성이 있습니다. 그러나 노동계를 주축으로 반대의견이 제시되고 있어 먼저 충분한 논의를 통해 사회적 합의를 이뤄내야 합니다. 사적 계약에 대해서는 해당 외국인 노동자도 근로자로 인정하여 국내 노동자와 같은 최저임금법을 적용해야 한다는 주장이 제기되고 있습니다. 또 돌봄서비스업을 외국인 고용허가제 대상업종에 포함시키되 돌봄서비스업의 최저임금을 차등적용하는 방안은 국내 돌봄노동자들의 최저임금도 낮아지는 결과를 초래하기 때문에 이해당사자들의 반발이 충분히 예상됩니다. 이런 쟁점들에 대해 신속히 사회적 합의를 이끌어 내야 적기에 노인돌봄 과수요 문제를 해결할 수 있을 것입니다.

결혼을 안 하거나 늦게 하는 경향 때문에 독신 세대가 늘고 이들의 고독함이 사회문제로 떠오르고 있습니다. 또한 노인 중에도 외로움으로 어려운 생활을 하는 분들이 많습니다. 이러한 문제에 어떻게 대처하면 될까요?

김수민 [그림 8-2]가 보여주듯이 한국에서는 지난 20년 동안 1인 가구가 꾸준히 증가하였습니다. 2022년 기준으로 1인 가구의 비중은 약 34.5%이고, 2050년경에는 39.6%까지 늘어날 전망입니다.* 1인 가구가 증가하면 사회 구성원 간 고립과 단절이 심화됩니다. 2022년에 조사한 OECD 사회관계망 지표에 의하면, "도움이 필요할 때 의지할 수 있는 사람이 있다"고 대답한 비율이 한국은 80%로 OECD국가 평균인 91%보다 많이 낮았습니다. 고립된 1인 가구 중에서는 혼자 임종을 맞은 후 발견이 되는 '고독사'도 발생하여 2023년에 고독사 예방 기본대책이 세워지기도 하였습니다.**

청년층과 중장년층의 경제적 문제와 사회적 고립은 보통 연결되어 있고, 이는 정서적인 문제로 발전됩니다. 취업실패, 실직 등으로 인해 경제적 어려움이 생길 경우 사회적으로 고립되기 쉬우며 이런 상태가 장기화되면 만성불안 및 우울증 등 정서적인 문제가 생기게 됩니다. 따

---

* 통계청, "인구주택총조사", "장래가구추계: 2020 – 2050".
** 관계부처합동(2023), "제1차 고독사 예방 기본계획('23 – '27)".

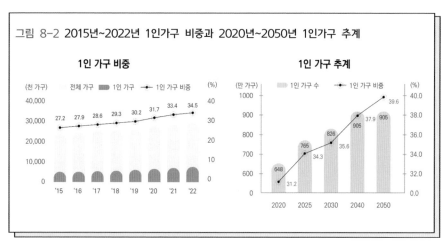

그림 8-2 2015년~2022년 1인가구 비중과 2020년~2050년 1인가구 추계

출처: 통계청, 장래가구추계: 2020~2050년.

라서 경제적 어려움으로 고립된 1인 가구를 발굴하여 재취업을 할 수 있도록 도움을 주고, 다시 일상을 회복할 수 있을 때까지 정서적 지원을 해주는 것이 중요합니다. 현재 정부에서 시행하고 있는 취업관련 대책은 연령대로 나눠져 있습니다. 청년층에게는 취업지원 서비스를 제공하며 취직을 할 때까지 자립수당을 지원합니다. 중장년의 경우 고용복지센터 등에서 재취업프로그램을 제공하고, 중년을 대상으로 한 경력형 일자리를 알선해 주기도 합니다.

정서적 불안이나 우울증을 겪고 있는 청년들을 위해서는 청년마음건강 바우처 프로그램을 통해 전문심리상담을 실시하고 일상회복을 지원하고 있습니다. 중장년층은 가정방문을 통해 건강관리를 돕고 사회적 교류를 유도하고 있습니다. 특히 5~60대 남성들이 자발적 고립으로 인한 고독사 위험이 제일 높아 보다 적극적인 개입이 필요합니다.

70대 이상의 노년층의 경우에는 건강관리 지원 및 외로움 극복을 위한 정서지원이 필요한 경우가 많습니다. 노년층 1인가구를 위해서는 지역사회 중심의 통합적 돌봄체계가 필요하며 ICT 정보기술을 적극 도입하여 효율적으로 정서지원을 할 수 있도록 행정복지 시스템을 개선하는 것이 필요하겠습니다. 이런 정책들은 정부에서 계획 중이거나 이미 실행 중이지만, 향후 프로그램의 효과를 평가하고 서비스의 질을 개선하기 위해 면밀한 추적관찰이 필요합니다.

에필로그EPILOGUE

시한부 대한민국, 국운 대전환의 마지막 기회! … 국가소멸 위기에서 G5 강국 도약으로! 제2의 한강의 기적을 꿈꾸며.

"To be, or not to be, that is the question."

(죽느냐, 사느냐?! 그것이 문제)

국가소멸 시한부 대한민국, 지금 이대로라면, 100년 후 대한민국은 존재할 것인가? 죽느냐 사느냐의 기로에서 생존의 카운트다운은 이미 시작됐습니다.

2016년 국회 저출산·고령화대책특위 위원장, 2023년 저출산고령사회위원회 부위원장 직을 맡아 대한민국의 인구 위기 상황을 더 내밀히 살펴보며 느꼈던 위기감입니다.

많은 인구학자들은 대한민국이 가장 먼저 소멸할 수 있는 국가 중 하나가 될 것이라고 경고합니다. 2023년 합계출산율 0.72명, 한 해 태어난 아이가 23만 명이라는 전대미문의 수치는 전시 중인 우크라이나보다도 낮습니다. 경제협력개발기구(OECD)는 합계출산율 2.1명 이하인 나라를 '저출산 국가'로 분류하는데, 한국은 이미 1983년부터 40년이 넘게 인구대체수준 이하의 저출산 현상을 겪고 있습니다.

게다가 급가속 고령화는 문제를 더욱 심화시키고 있습니다. 가장 낮은 출산율과 가장 빠른 고령화라는 역삼각형의 불안한 인구구조는 우리 사회의 존속을 위협하고 있습니다.

특히 2020년 이래로 한국은 역사상 처음으로 사망자 수가 출생자 수보다 많아지면서 전년 대비 인구가 자연감소하는 '인구 데드크로스' 현상을 겪고 있기도 합니다. 미국 투자은행 골드만삭스가 2022년 12월 발표한 경제전망 보고서 '2027년으로 가는 길'은 한국 경제규모가 저출산·고령화로 30년 뒤면 인도네시아와 나이지리아 등 인구 대국에 뒤져 세계 15위권 밖으로 밀려날 것이라는 전망을 하기도 했습니다.

이처럼 이미 인구위기는 우리 대한민국의 존립을 위태롭게 하는 중대한 문제입니다. 젊은 세대는 결혼, 출산, 양육에 대한 부담을 호소하고 있으며, 우리 사회는 아직 실효성 있는 해법을 제시하지 못하고 있습니다.

이를 해결하기 위해서는 인구 감소 폭을 완만하게 할 수 있는 방법을 모색하면서 동시에 변화된 인구구조에 적응하는 투트랙 접근을 해야 합니다.

변화된 인구구조에 적응하는 것은 대한민국의 근본적인 구조 개혁으로 귀결됩니다. 교육개혁, 연금개혁, 노동개혁, 국방개혁 등 사회 전반의 구조 개혁이 이루어져야 합니다. 구조 개혁은 더 이상 늦출 수 없습니다. 하루빨리 구조 개혁에 대해 논의하여 솔루션을 도출해야 합니다. 그런데 정치적으로 국회가 성숙하지 못하여 이러한 논의가 지연되고 있는 점이 굉장히 안타깝고 막중한 책임감을 느낍니다.

저출산 문제를 해결하려면 일자리, 주거, 난임, 보육, 교육 정책을 하나의 패키지로 제시해야 합니다. 또한, 혼인제도에 대한 인식 개선이 필요합니다. 그동안 우리 사회가 혼인에 대한 인식 개선을 적극적으로 논의해왔으나, 혼인의 당사자인 청년들의 인식에 변화를 가져왔는지는 의문입니다.

청년의 입장에서 일자리, 주거, 난임, 보육, 교육을 살펴보고, 수요자 중심의 맞춤형 정책 제안이 이루어지는 것이 무엇보다도 중요할 것입니다.

또한 이제 대한민국은 이민을 적극 유치해야 하는 개방국가로의 전환이 불가피한 만큼, 이민에 대해서도 근본적인 정책 기조의 변화가 필요합니다.

대한민국 사회는 저출산 대책을 투자가 아닌 복지로 접근해 왔습니다. 이제는 인식을 전환하여, 저출산 대책을 대한민국의 지속가능성을 위한 투자로 바라봐야 합니다. 이를 위해서는 크게 다음과 같이 일곱 가지의 큰 틀에서의 우선적 정책 접근이 필요합니다.

먼저, 주거에 있어서는 헝가리식 저출산 대책의 도입이 필요합니다. 즉, 혼인을 하고자 하는 부부에게 초저금리로 주택자금을 대여해주고 출산할 때마다 이자와 원금을 탕감해주어 신혼부부들의 주거부담을 실질적으로 낮춰야 합니다. 아이를 낳고 키우는 것이 부채가 아닌 축복이 되도록 정책 기조를 파격적으로 전환해야 합니다.

결국 이러한 출산육아 정책들이 우리 사회의 각 개인에게 중산층으로 자리하는 기회가 되게 해야 합니다. 중산층 육성과 출산·양육을 연계시켜 줘야 합니다. 주거 안정을 위한 정책의 궁극적인 목표는 임대 주택 제공·거주 방식이 아닌, 내 집에서 걱정 없이 아이들과 생활하도록 할 수 있게 하는 것이어야 합니다. 헝가리와 같은 출산 장려를 위한 결혼 및 출산에 따른 파격적인 주택 대출과 이자, 원금 감면 지원 정책은 최악의 출산율을 겪고 있는 우리나라에서도 적극적으로 추진할 필요가 있습니다.

두 번째로, 결혼과 출산이 경력 단절로 이어지지 않도록 제도를 개선해야 합니다. 재택근무 확대, 반반 육아휴직 제도 등 실질적인 일·가정 양립이 가능하도록 바꾸어야 합니다.

출산과 양육이 개인을 희생하는 일이 되지 않도록 해야 합니다. 미국의 제대군인 우대 제도에 비견할 만한 출산, 양육 후 사회복귀를 지원하고 우대해야 합니다. 이를 위해 군 가산점 부활과 함께 출산가산점 도입도 함께 논의해야 합니다. 과거 헌법재판소의 위헌결정으로 폐지된 군 가산점은 그 제도 자체가 문제인 것이 아니라, 과도한 가산점이 문제였기 때문인 만큼, 우리 사회가 함께 납득할 만한 적정선의 예우 수준을 찾는다면 좋은 대안이 될 수 있습니다.

세 번째로 미래세대를 더욱 불안하게 해 저출산 문제를 심화시키는 현재의 연금제도 역시 출산이 득이 되도록 개혁이 필요합니다. 실제 요즘 부모님들로부터 아이 낳고 기르는 것도 큰 비용이 드는데, 자신의 자녀가 부모 외의 다른 기성세대들까지 부양비용을 부담하게 되는 지금의 연금구조에 누가 아이를 낳고 싶어 하겠냐는 말씀들을 듣기도 했습니다. 그나마 있는 현행 출산크레딧 제도는 둘째 자녀 이상 출산 시에만 국민연금 가입 기간을 추가로 인정해 주고 있는데, 이 정도로는 턱없이 부족합니다. 이를 출산·육아 크레딧으로 확장하고 기존 1년이 아니라 10년 정도로 혜택 기간을 대폭 상향 확대해 국민이 체감할 만한 파격적 인센티브를 제공할 필요가 있습니다.

넷째, 기존의 경직된 혼인 제도에 대한 검토도 필요합니다. 올해 5월 발표된 통계청의 지연 혼인신고 추세에 의하면, 2023년을 기준으로 결혼 후 혼인신고까지 걸린 기간이 2년 이상인 비율은 8.15%이었다고 합니다. 2014년(5.21%)부터 2020년(5.74%)까지 5%대로 유지되었음을 고려할 때, 그 증가세가 상당합니다. 대출 등에 있어 '결혼 페널티'가 작용한다는 인식을 개선하고, 동시에 프랑스식 동거혼 제도인 '등록동거혼'의 전향적 도입을 진지하게 고민해 보아야 합니다. 혼인 제도의 허들을 낮추는 것만으로도 만혼으로 인한 출산율 저하를 완화할 수 있을 것이라 생각합니다.

다섯째, 외국인근로자 도입에 있어서는 우수인재 유치는 물론, 미숙련 노동을 주로 담당하는 단기 외국인근로자의 임금 체계에 대한 근본적 고민이 필요합니다. 최근 서울시 차원에서 필리핀 가사관리사가 도입됐으나 임금이 높아 실효성이 없다는 지적과 함께 싱가포르·홍콩 사례와 같이 별도의 임금체계 적용이 필요하다는 주장이 제기된 바 있습니다. 지난 20년 동안 유지되어 온 고용허가제의 근본적 개선과 함께 단기 외국인 근로자들에 대해서는 최저임금 체계를 개편하여 우리나라의 경제에도 도움이 되면서 동시에 외국인 근로자들에게 일할 기회도 부여하여 상호 윈윈할 수 있도록 해야 할 것입니다.

여섯째로 가족 공동체의 복원, 가족의 가치의 인식 강화에 대한 노력도 중단해서는 안됩니다. 개인 단위로 원자화된 사회는 저출산·고령사회 문제를 해결하는 데 한계를 갖습니다. 가족을 기본단위로 하는 사회 구성의 지향은 반드시 필요합니다. 가족의 가치에 대한 인식을 강화하고 가족과 함께 행복을 누리게 해야 합니다. 가치의 복원을 위해서는 경제적 접근 외에도 사회문화, 종교, 예술 등 총체적 노력이 중요합니다.

마지막으로, 정부의 역할이 중요합니다. 저출산은 돈만으로 해결되지는 않지만, 돈 없이는 해결되지 않습니다. 정부가 필요한 곳에 더 효과적이고 효율적이게 재정을 투입해야 합니다. 돈만 쓰고 국민이 체감하지도 못할뿐더러, 실제 출산율 제고에도 도움이 되지 않던 기존의 정책들을 과감히 전환해야 합니다.

그동안 저출산 예산을 천문학적으로 투입·지출했다고 했지만, 출산율 제고에 필요한 가족지원예산만 보면 우리나라의 경우는 GDP대비 1.4%에 불과, OECD 평균인 2.4%에 못 미치는 것이 현실입니다. 실제 출산율 제고에 도움이 될 가족지원예산의 순도를 높이고 확대해 직접적으로 체감할 수 있는 예산을 제대로 확대해야 합니다.

인구전략기획부 신설도 시급합니다. 현재 저출산·고령화 대응 정책은 여러 부처와 지방자치단체에 분산되어 있어, 정책의 일관성과 효율성이 떨어지는 실정입니다. 이를 개선하기 위해 인구전략기획부를 중심으로 각 부처와 지자체에 분산된 저출산·고령화 대응 정책의 결정 및 집행 기능을 통합하고 조정해야 합니다. 이를 통해 정책의 중복을 피하고, 각 정책 간의 시너지를 극대화할 수 있을 것입니다. 또한, 장기적인 관점에서 인구 정책을 수립하고 일관성 있게 추진할 수 있으며, 정책의 효과를 지속적으로 모니터링하고 평가하여 필요에 따라 신속하게 조정할 수 있을 것입니다.

우리 사회가 앞으로 거쳐야 할 인구위기 극복 과정은 결코 쉽지 않을 것입니다. 그러나 "To be, or not to be?!" – 이제 우리에게 주어진 선택지는 하나뿐입니다. 국가소멸이라는 암울한 미래를 받아들이느냐, 아니면 새로운 도약을 위해 지금 행동하느냐.

인구위기 극복은 단순한 정책의 문제가 아닙니다. 이는 대한민국의 존립, 우리의 미래, 그리고 다음 세대에 물려줄 유산에 관한 문제입니다. 100년 후 대한민국이 세계 지도에서 사라질 것인가, 아니면 G5 강국으로 우뚝 설 것인가? 우리의 선택과 행동이 그 답을 결정할 것입니다.

지금이야말로 제2의 한강의 기적을 만들어낼 때입니다. 인구 감소세를 완만히 하면서도 변화된 인구구조에 적응할 수 있도록 국가 재설계 수준의 혁신이 필요합니다. 이는 단순한 변화가 아닌, 국운을 대전환할 마지막 기회입니다.

사단법인 인구와기후그리고내일(PACT)은 이 중차대한 시기에 소명을 다할 것입니다. 우리는 지속가능한 대한민국을 위해 출산과 양육, 교육, 일자리 등 인구 정책의 인과적 타당성을 높여나가는 데 모든 역량을 집중할 것입니다.

대한민국의 미래는 우리 모두의 손에 달려 있습니다. 생존의 카운트다운은 이미 시작되었지만, 우리에겐 아직 희망이 있습니다. 함께 힘을 모아 이 위기를 기회로 바꾸고, 다시 한 번 세계를 놀라게 할 대한민국의 기적을 만들어 냅시다. 우리의 선택이 미래 세대의 운명을 결정할 것입니다. 지금이 바로, 우리가 함께 행동해야만 할 때입니다.

Together we can! The time is now!!

사단법인 인구와기후그리고내일(PACT) 이사장
국회의원 나경원

집필진 소개

나경원

제17, 18, 19, 20, 22대 국회의원, 前 대통령직속 저출산고령사회위원회 부위원장,
前 기후환경대사

권혁주

서울대 행정대학원 교수

김수민

"인구와 기후, 내일" 연구위원

이강호

카이스트 문술미래전략대학원 교수

이경희

한국수출입은행 북한·동북아연구센터 책임연구원

조윤영

중앙대 정치학과 교수

주하연

서강대 경제학과 교수

최 인

서강대 경제학과 명예교수

Daphna Birenbaum−Carmeli

Professor, Department of Nursing, University of Haifa, Israel

Hyunjoo Kim Karlsson(김현주)

Associate Professor, Department of Economics and Statistics, Linnaeus University,
Sweden

PACT 총서 시리즈 I

인구위기, 내일은 없어지나?

초판발행	2024년 9월 5일
지은이	나경원 · 권혁주 · 김수민 · 이강호 · 이경희 · 조윤영 · 주하연 · 최 인 · Daphna Birenbaum-Carmeli · Hyunjoo Kim Karlsson
펴낸이	안종만 · 안상준
편 집	배근하
기획/마케팅	허승훈
표지디자인	이수빈
제 작	고철민 · 김원표
펴낸곳	(주) **박영사**
	서울특별시 금천구 가산디지털2로 53, 210호(가산동, 한라시그마밸리)
	등록 1959. 3. 11. 제300-1959-1호(倫)
전 화	02)733-6771
f a x	02)736-4818
e-mail	pys@pybook.co.kr
homepage	www.pybook.co.kr
ISBN	979-11-303-2091-5 94330
	979-11-303-2089-2(세트)

정 가   17,000원